LES

COMBATS D'ALENÇON

DEPUIS

LE XIe SIÈCLE

JUSQU'A

L'INVASION ALLEMANDE DE 1871

PAR

MARTIN LE NEUF DE NEUFVILLE

PRÉSIDENT HONORAIRE DU TRIBUNAL CIVIL D'ALENÇON,
OFFICIER DE L'INSTRUCTION PUBLIQUE,
MEMBRE DE L'ACADÉMIE DE LÉGISLATION,
MEMBRE DE LA SOCIÉTÉ HISTORIQUE ET ARCHÉOLOGIQUE DE L'ORNE,
ET DE PLUSIEURS SOCIÉTÉS SAVANTES, ETC. ETC.

SIXIÈME ÉDITION

A ALENÇON
BONNELLE
LIBRAIRE-ÉDITEUR
50, Rue aux Sieurs, 50.

A PARIS
ET DANS LES DÉPARTEMENTS
Chez les
PRINCIPAUX LIBRAIRES

Extrait du *Bulletin de la Société Historique et Archéologique de l'Orne.*

AVANT-PROPOS

Ecrire l'histoire, c'est reproduire le passé, photographier le présent; l'historien ne modifie pas les événements, il les explique, les interprète, selon son génie ou son caractère; les faits historiques établis, s'imposent à la science, ils puisent leur attrait dans le coloris du peintre, dans le charme, la méthode et l'originalité de l'écrivain. Nous nous sommes inspiré de ces idées. L'histoire des batailles, des sièges d'Alençon, n'est pas œuvre nouvelle; nous avons essayé de dégager les épisodes des détails qui les obscurcissent souvent dans les vieilles chroniques; nous avons cherché à rappeler l'héroïsme d'un autre âge à une génération qui doit en être fière. Loin de nous les prétentions de refaire l'ouvrage si abondant d'Odolant Desnos, d'imiter les recherches scientifiques si variées de Gautier, de suivre le savant M. de La Sicotière, dans ses travaux nombreux, profonds et remarquables; notre mobile est plus modeste: Témoin du dernier combat d'Alençon, nous avons voulu comparer le passé avec le présent. Cette étude intéressante nous a reporté aux batailles livrées sous les remparts du célèbre château des ducs; le tableau nous a semblé dramatique et nous nous empressons de l'exposer en lui donnant le plus de lumière possible.

Nous apportons, en outre, notre témoignage sur les faits contemporains; chef d'ambulance pendant les désastres de 1871, nous avons vu, contrôlé, interrogé, noté les événements des 15 et 16 janvier. Le récit du combat d'Alençon, *est une simple déposition; sa valeur ne repose pas dans notre unique affirmation, elle réside dans les documents que notre devoir nous impose de transcrire pour expliquer les circonstances qui nous ont permis d'être vivement impressionné pendant ces terribles journées. La Société de secours aux blessés s'exprimait en ces termes, dans son rapport publié en 1872 :*

« Nous ne devons pas non plus passer sous silence les « services rendus dans de bien tristes circonstances par « un honorable magistrat de notre tribunal. Pendant le « combat livré aux portes de la ville, M. Martin le Neuf « de Neufville, parcourut le champ de bataille, pour « relever les blessés et les transporter aux ambulances « après leur avoir donné les premiers soins. Le lende- « main on le voit encore animé du même zèle, rechercher « les blessés qu'on avait pu relever le même jour. De plus « il recueillit tous les renseignements nécessaires pour « dresser les actes de l'état civil des soldats morts sur le « champ de bataille. »

M. Albert Le Guay, président de la Sooiété Internationale, nous adressait également ces lignes :

« Je saisis cette occasion pour vous féliciter au nom « du comité de la Société Internationale : vous avez bien « voulu dès le matin, vous mettre à ma disposition le « 15 janvier, quand les premiers coups de feu se sont fait « entendre et vous vous êtes transporté au plus fort du « combat, etc., etc. »

Nous ne méritons aucun éloge ; n'est-ce pas un devoir de mettre son dévouement au service de la patrie en danger. Tant de braves ont payé de leur vie cette obligation naturelle ! Donc nous avons été témoin du combat, et les raisons suivantes, publiées en 1871, nous ont inspiré l'idée d'en être l'humble historien.

Raconter l'invasion de 1871, c'est exposer les causes de nos désastres et permettre un jour de tarir les sources de nos malheurs ; c'est proclamer l'énergie de la France ; c'est relever les courages abattus et inspirer à tous la confiance dans les destinées de la Patrie.

I

CHATEAU ET FORTERESSE.

Alençon possède une origine guerrière; que son nom dérive du latin *Alenconium*, fort des Alains, ou des expressions anglaises et celtiques All et Com, toute forteresse, il révèle sa naissance antique et militaire. Alençon! Alençon! devint un cri de guerre souvent poussé au milieu des batailles! La situation topographique de cette région, ses forêts, ses cours d'eau, ses îlots facilitaient l'établissement d'ouvrages défensifs et rendaient leurs approches redoutables; aussi les ducs de Normandie confièrent-ils de bonne heure aux Bellême la défense de cette position: ils voulaient placer une sentinelle avancée aux confins de leur vaste duché; ne fallait-il pas surveiller, prévenir ou arrêter les attaques incessantes venant des pays du Maine, du Perche ou de la Bretagne. Peut-être un petit fort construit sur une île de la Sarthe et appelé Boulevard, remonte-t-il à l'époque des Alains, mais le château porte une date plus rapprochée : il appartient au XIe siècle : ses premiers ouvrages furent établis soit par Yves de Bellême, premier seigneur d'Alençon, soit par son fils, Guillaume Talvas. Depuis cette époque jusqu'au XVIe siècle, les maîtres d'Alençon complétèrent ou relevèrent les constructions et les fortifications; les vestiges qui nous sont conservés remontent au XVe siècle. Le château créa la ville ; des privilèges nombreux attirèrent les populations voisines ; la cité s'étendit progressivement et les fossés et les remparts la protégèrent contre les surprises de l'ennemi et le voisinage des bêtes fauves.

Le pays d'Alençon fut seigneurie au xe siècle, comté au XIIIe, duché au xve. Il appartint successivement à la maison de Bellême vers 950, à la maison de Montgommery, alliée aux Bellême, en 1080, et à la maison de France en 1219. Jusqu'en 1789, il est sous la dépendance de vingt-quatre seigneurs et de deux reines. Il partage la formidable renommée qui accompagne les conquêtes des Normands, il éprouve les maux et les désastres de la domination anglaise, il contribue au triomphe de l'indépendance nationale, il participe aux luttes qui déchirent la France, aux intrigues qui la tourmentent, aux événements qui la transforment.

La ville d'Alençon a conservé quelques vestiges de sa puissance féodale : deux belles tours, admirées de nos jours, appuyées à un pavillon du xve siècle, protégeaient le pont-levis, complétaient deux tourelles élevées à la tête de ce passage, et avec elles défendaient l'entrée du château-fort ; des murs élancés et crénelés reliaient cette partie à la magnifique tour couronnée qui domine encore la cité. De ce côté, les fortifications suivaient jusqu'au jardin actuel de l'Hôtel-de-Ville, le cours de la Briante : elles se composaient de murailles épaisses percées de machicoulis et flanquées de hautes tours ; les murs se dirigeaient vers le centre de la place d'Armes, étaient interrompus par un moulin à poudre bâti sur la chaussée d'une presqu'île triangulaire cultivée en jardin, et appelé le jardin de l'éperon, reliaient les deux petites tours du moulin à la tour Giroye parallèle à la tour couronnée et venaient se rattacher au pavillon d'entrée. Au sud la rivière, au nord un étang baignaient le pied des ouvrages. Cette large pièce d'eau affectait la forme d'un triangle avec sa base appuyée au moulin et aux murs du château. L'enceinte était défendue par un merveilleux donjon, œuvre d'Henri Ier, roi d'Angleterre : cet ouvrage avait quarante mètres de hauteur, possédait une forme carrée et portait à ses angles supérieurs quatre hardies tourelles. Ce donjon occupait l'emplacement de la Cour d'assises. La chapelle et les palais des seigneurs d'Alençon apparaissaient près de la Briante à l'extrémité sud de la place. Des chemins couverts suivaient le rempart et un canal souterrain partant de la Sarthe permettait en tout temps d'alimenter les défenseurs. Un vaste parc garni de murs et de quelques tourelles élargissait la forteresse vers le sud et vers l'ouest; un pont-levis jeté près de la tour couronnée en permettait l'accès; ce parc, d'une contenance d'une vingtaine d'hectares, avait la largeur des promenades actuelles, il s'étendait depuis les jardins de la rue de la Barre jusqu'au lavoir Véron de la rue de Lancrel en suivant une ligne circulaire parallèle aux murs de la ville. Cette délicieuse campagne, nommée paradis terrestre par Guillaume le Rouillé en 1544, était arrosée par la rivière la Briante et divisée par ce cours d'eau en grand et en petit parc; dans le voisinage du château s'élevait le palais d'été où les seigneurs venaient se reposer des fatigues de la guerre et jouir des bienfaits de la paix.

La ville était de tous côtés protégée par d'épaisses murailles garnies de parapets et de vastes remparts, appuyées de distance en distance sur des tours élevées. Les rivières la Sarthe et la Briante coulaient au sud, à l'est et à l'ouest de ces fortifications; des fossés larges de douze mètres complétaient au nord le système de défense et longeaient la rue du Cours. Au couchant, les murs d'enceinte partaient du château, séparaient le parc de la ville, se dirigeaient vers la porte de Lancrel, l'une des cinq portes de la cité : cette porte était placée au tournant de la rue du Collège, à l'endroit où se trouve une madone; elle dominait le faubourg Saint-Ysige et de l'Ecusson, elle possédait un pont-levis; ses deux grosses tours étaient protégées par des ouvrages avancés. La ligne des murs placée entre la rue du Jeudi et la rue du Cours était continuée jusqu'à la porte de Sées; de nos jours ces remparts forment des terrasses ou des ruines en partie réparées par les habitants.

Le nom de la porte de Sagory ou de Sées a survécu à la destruction des ouvrages : cette porte se remarquait par ses quatre tours, les deux premières dominaient le faubourg Saint-Blaise, les deux autres surveillaient le faubourg de Cazault. Pour aborder ce passage, il fallait traverser des barrières fortifiées. Les murailles et les tours, parmi lesquelles deux se remarquent encore dans la cour de l'école d'Ozé, se terminaient à la poterne, porte étroite, ouverte dans une tour isolée construite près de la grande Sarthe. La rivière large, profonde, rapide et des terrains marécageux protégeaient la ville vers l'est et la séparaient du faubourg de Montsort; la porte de Sarthe permettait d'accéder à ce faubourg; deux tours en défendaient les ponts, l'une d'elles occupait l'emplacement actuel du moulin de Sarthe. De nouvelles fortifications contournaient de ce côté le quartier du marais et se composaient de ces murs et de ces tours qui longent encore l'hospice et la rue des Fossés-de-la-Barre ; elles étaient interrompues par la cinquième porte armée de deux tours, dont l'une orne l'entrée de la belle propriété de M. Chesneau de la Drourie. Un bras de la Briante, avec ses cascades pittoresques, indique la position des remparts qui, vers le sud, reliaient au château la porte de la Barre.

La ville, dans les premiers temps, n'occupait que le terrain compris entre la poterne et le château ; plus tard, elle s'étendit jusqu'à la Briante, et posséda sur ce cours d'eau une forteresse ou guichet ; l'accroissement de sa puissance lui fit étendre ses limites.

De nombreuses rues de l'ancienne ville ont conservé leur longueur et leur nom : telles sont les rues du Jeudi, des Grandes et des Petites-Poteries, du Bercail, du Cygne, de la Poterne, du Val-Noble, du Château, des Lombards, de la Juiverie, ou quartier des Juifs, des Granges, de Sarthe. La Grande-Rue qui était la route de la Bretagne, traversait la cité, et la rue aux Sieurs était la voie principale. La ville renfermait les deux églises de Notre-Dame et de Saint-Léonard.

Près de la porte de Sarthe, la rivière élargissait son lit et inondait le terrain marécageux ; en cet endroit, une île bien protégée par les eaux fut peut-être le berceau d'Alençon ; elle possédait des fortifications qui lui firent donner le nom de fort du Boulevard ; cet îlot s'étendait depuis la place du Bas-de-Monsort jusqu'à la rue de l'Abreuvoir : longtemps de ce côté l'on vit les vestiges des murailles anciennes ; et sur la Sarthe ce souvenir apparaît encore. Cette position avait une grande importance stratégique, elle constituait l'avant-garde du château, et menaçait d'écraser l'ennemi faible et assez audacieux pour s'aventurer au milieu de ces fortifications. Aussi les assiégeants n'attaquèrent-ils souvent le château qu'après la conquête du Boulevard.

Jusqu'au XVIIe siècle la place conserva sa puissance militaire ; les seigneurs du Perche, de Mortain et d'autres lieux, les ducs de Normandie, de Bretagne, d'Anjou, les rois d'Angleterre et de France accoururent assiéger ces formidables remparts; les environs d'Alençon furent parfois ruinés, dévastés, dépeuplés par des ennemis farouches ou cupides; les intéressantes annales du pays d'Alençon nous ont conservé le souvenir de ces épisodes sanglants et de ces luttes séculaires.

II

SIÈGE DU CHATEAU PAR ROBERT, DUC DE NORMANDIE.

Dans la dernière moitié du IXe siècle, Rolf ou Rollon vint envahir les côtes de France avec ses hordes farouches et hardies : en 885 il assiégea Paris défendu par Eudes, fils de Robert-le-Fort et ascendant de Hugues Capet, occupa Rouen, acquit une grande puissance; le roi de France, Charles-le-Simple dut lui proposer une alliance, Rollon reçut la Neustrie en apanage, et son mariage avec Giselle, fille du roi, cimenta la paix : le chef des Normands se fit chrétien et se reconnut vassal de la couronne de France. L'usage obligeait le vassal à baiser le pied du suzerain : « Jamais dit Rollon, je ne plierai le genou aux genoux de personne et ne baiserai le pied de personne. » Ce chef ordonna à un guerrier de baiser pour lui le pied du suzerain; le Normand obéit, mais loin de se courber, il prend le pied de Charles-le-Simple, l'élève brusquement à sa bouche et renverse le roi. Un grand tumulte suivit cet acte de fierté et d'indépendance : la Normandie était créée. Cet épisode ne fut-il pas un triste présage pour la royauté française si souvent attaquée et convoitée depuis par les puissants ducs de Normandie, rois d'Angleterre.

Parmi les descendants de Rollon apparaissent le duc Richard III et son frère Robert; le cadet désirait le duché de Normandie, il sema dans le pays la discorde et la révolte; trop faible, il se réconcilia en apparence avec Richard, mais il voulait l'empoisonner : il se débarrassa de son rival par un crime. Guillaume Talvas Ier, fils de Yves de Bellesme, premier seigneur d'Alençon, avait combattu pour son suzerain contre Robert; celui-ci, maître du duché, résolut de se venger : il exigea l'hommage de Talvas, son vassal; le caractère du seigneur d'Alençon était altier, indépendant, batailleur; sa puissance déjà grande était fortifiée par l'alliance du roi de France et protégée par le château-fort d'Alençon, à l'enceinte nouvelle et formidable ; le vassal répondit par un défi aux ordres du suzerain criminel. L'armée ducale était nombreuse et aguerrie ; elle se présente en 1029 devant la nouvelle forteresse ; Talvas était brave, il se défendit avec désespoir, le nombre devait l'emporter, il fallut se rendre et s'humilier : le fier Talvas fut conduit en chemise et pieds nus en présence du vainqueur outragé : devant ses guerriers, devant ses ennemis, le vassal fléchit les genoux, courba le dos et le duc plaça sur ses épaules une selle disposée pour lui permettre de le chevaucher. L'injure était sanglante ; Talvas consentit néanmoins à la dévorer sans révolte ; Robert, de son côté, avait intérêt à ménager son puissant vassal, il offrit pour l'apaiser un gage à sa réconciliation : il promit la main de sa sœur à Foulques, fils de Talvas.

Ce projet d'union était purement politique ; dans l'intervalle se présenta une plus brillante alliance, ce fut Mauger, vicomte du Cotentin, Foulques fut sacrifié ; Robert le fratricide n'hésita pas à violer sa parole. A cette nouvelle, le seigneur d'Alençon, déjà avancé en âge, jure de tirer de son ennemi une éclatante vengeance, mais il tombe malade ; c'est Foulques lui-même, trompé, sacrifié, qui conduira les troupes au combat et au pillage ; la guerre alors était atroce : le sang coule, le duché traversé par l'armée devient la proie du fer et du feu : partout massacres, partout ruines ; les soldats encouragés se livrent à tous leurs instincts de cruauté, à toutes les exactions ; les bois de Blavou arrêtent bientôt ces dépradations. Néel de Saint-Sauveur, père de l'heureux Mauger, s'était mis à la tête de l'armée ducale ; il accourait au-devant des troupes d'Alençon, il venait de les rencontrer au milieu de leurs excès : les deux chefs des guerriers en présence ressentaient une haine mutuelle et profonde, Foulques désirait venger son outrage, Mauger voulait protéger la vicomtesse du Cotentin. Au milieu de la bataille acharnée, Foulques aperçoit Néel, il renverse les rangs ennemis, s'ouvre un passage, fond sur son ennemi avec une ardeur folle ; Néel plus froid, plus expérimenté évite et pare les coups ; à son tour il poursuit son adversaire emporté par l'élan de son coursier, l'atteint au moment où il cherche à revenir à la charge et lui transperce le flanc de sa lance. De leur côté, Robert et Guillaume, frères de Foulques, soutiennent l'ardeur des soldats, mais Robert reçoit une grave blessure et Guillaume échappe avec peine à une mort menaçante. L'armée de Talvas fut en partie détruite.

Le seigneur d'Alençon avait fondé le château de Domfront, c'est là qu'il attendait avec anxiété les résultats de la guerre et des nouvelles de ses trois fils; il ne put survivre à ce désastre et mourut de douleur et de désespoir. Au pied des anciens remparts de cette ville se trouve l'antique église de Notre-Dame-sur-l'Eau. Quelques historiens font reposer dans ce temple les restes du fondateur des châteaux de Domfront et d'Alençon ; les archéologues contestent avec raison l'authenticité du monument funèbre qui s'y trouve et que l'on désigne comme le tombeau de Guillaume Talvas, seigneur d'Alençon. Le guerrier tout armé, couché sur la pierre tombale appartient par le travail plus fini et par la forme de ses armes à une époque plus récente : il est présumable que ce chevalier représente l'un des gouverneurs du château de Domfront.

III

GUILLAUME TALVAS II ET GIROYE.

Guillaume Talvas II était parvenu à fuir sain et sauf du champ de bataille de Blavou, il devint seigneur d'Alençon : son caractère farouche, perfide, vindicatif lui fit commettre des actes de la plus grande cruauté. La seigneurie d'Alençon était de date récente, ses limites paraissaient incertaines ; Talvas faisait parfois des incursions sur le territoire limitrophe du pays de Mayenne ; il repoussa les réclamations de Godefroy, seigneur de cette contrée, et lui déclara la guerre. Parmi les vassaux de Godefroy se trouvait Giroye, seigneur de Mortagne, ce guerrier avait été l'ami des Talvas, mais il devait obéir aux ordres de son suzerain et le défendre même par gratitude. Talvas conçut contre Giroye une haine profonde. Godefroy tomba par surprise entre les mains de son ennemi et Talvas ne lui rendit sa liberté qu'après avoir exigé la destruction du château de Mortagne ; Giroye dut renverser ses forteresses, mais il reçut une large compensation, le seigneur de Mayenne le gratifia du château-fort de Saint-Céneri : cette place voisine d'Alençon était une menace pour Talvas, une espérance pour Giroye. Désormais la lutte se limite entre ces deux seigneurs, elle devient cruelle, sourde, perfide. Giroye soutenu par la puissance de sa famille, secouru de ses nombreux amis envahit les alentours d'Alençon, pille et saccage la contrée, brave et provoque son ennemi; Talvas dévore ces affronts derrière les murs protecteurs de son château, il n'ose se mesurer avec des adversaires redoutables, il refoule ses sentiments de haine et parvient à faire la paix, mais sa perfidie n'oubliera pas la vengeance.

La châtelaine d'Alençon était alors la pieuse Cudéfort; cette femme avait, par sa bonté, conquis tous les cœurs; sans cesse elle suppliait son époux de se montrer moins cruel, et lui la détestait à cause de ses vertus mêmes, aussi tomba-t-elle sous les coups des assassins qui l'étranglèrent au moment où elle allait prier Dieu de consoler son affliction. Les vassaux terrifiés n'osèrent défendre leur suzeraine, ils tremblaient devant l'auteur de ce meurtre impie.

Talvas devenu libre put satisfaire son amour pour Hildeburge, veuve du vicomte du Mans; cette femme possédait une grande réputation de beauté, le seigneur d'Alençon projeta de l'épouser et de célébrer ses noces par des fêtes somptueuses; les seigneurs renommés furent conviés à ces plaisirs, et Giroye ne fut pas oublié. Etait-il prudent de se fier à l'hospitalité de l'assassin de Cudéfort? ces réjouissances ne cachaient-elles pas quelques pièges perfides? Le seigneur de Saint-Céneri repoussa de pareils soupçons, la paix régnait entre les deux familles, comment répondre à un honneur par un refus, ne fallait-il pas au contraire se faire remarquer par son empressement et sa magnificence? aussi Giroye, plein de confiance, arriva dans le château accompagné d'une douzaine de brillants chevaliers et assista sans défiance aux fêtes nuptiales.

Qu'advint-il bientôt? Giroye voulut-il abuser de l'hospitalité de Talvas, nouer des intelligences dans la place, surprendre les parties faibles des ouvrages, ou tomba-t-il victime d'une vengeance ancienne et préméditée? Peut-être ces deux causes lui furent-elles fatales; soudain il est accusé de trahison, il est appréhendé, garotté, jeté dans une tour; à cet instant une chasse en forêt entraînait l'ardeur des seigneurs; nul ne pouvait défendre et sauver Giroye; les ordres laissés par Talvas étaient précis, barbares, ils furent exécutés sans merci; le brave et brillant seigneur de Saint-

Céneri fut défiguré, martyrisé : ses bourreaux lui coupèrent le nez, lui abattirent les oreilles, lui crevèrent les yeux, le mutilèrent de toutes parts. Ce crime atroce excita longtemps l'indignation dans la contrée, la tour où ces tortures furent subies porta toujours le nom de cet infortuné chevalier. Giroye fut soulagé dans ses souffrances par son frère Raoul, célèbre médecin de cette époque; ses plaies se cicatrisèrent, mais il légua les soins de sa vengeance à sa puissante famille et vint finir ses tristes jours parmi les moines de l'abbaye du Bec.

IV

PRISE DU BOULEVARD PAR GUILLAUME-LE-CONQUÉRANT.

L'acte criminel de Guillaume Talvas II fut une faute qu'il devait payer de sa seigneurie. La maison puissante de Giroye était outragée et nullement anéantie. elle trouva dans le duc d'Anjou un allié redoutable. La guerre n'éclata plus entre seigneurs mais entre conquérants : les deux champions seront Geoffroy, duc d'Anjou, surnommé Martel, et Guillaume-le-Bâtard.

Geoffroy venait de porter dans le Maine ses armes victorieuses; insatiable dans ses conquêtes, il ne résista pas au désir de posséder Alençon et Domfront : ces places étaient destinées à protéger ses vastes États. Aussi s'empressa-t-il d'accueillir et d'encourager les projets de vengeance des Giroye et de se faire leur allié : les temps étaient favorables : déjà les frères de l'infortuné seigneur de Saint-Céneri avaient couvert de ruines le pays alençonnais, les vassaux de Talvas avaient été emmenés en captivité, et pour la seconde fois le maître d'Alençon se cachait derrière ses murs et n'osait répondre aux insultes de ses ennemis. Depuis le meurtre de Cudéfort les habitants de la ville, peu nombreux encore, supportaient avec peine la domination de leur seigneur, aussi les troupes de Giroye et du duc d'Anjou nouèrent-elles facilement des intelligences dans la place ; elles furent introduites dans les murs, s'emparèrent du château-fort et firent la garnison prisonnière ; Talvas prévenu à temps de la présence des ennemis put échapper aux recherches et à la vengeance des frères de Giroye ; il fut suivi de sa fille Mabile qui, plus tard, devait donner son nom au château de la Roche, et par quelques serviteurs fidèles.

Le seigneur d'Alençon chercha pendant longtemps un refuge et sollicita des alliances; son nom exécré excitait partout l'indignation et l'horreur. Sa fille Mabile seule soutint ses espérances et lui procura le salut. Douée d'un caractère ferme, d'une vive intelligence, d'une habileté insinuante, elle sut captiver Roger de Montgommery. Ce seigneur fut séduit par les malheurs de la jeune châtelaine, il recueillit les fugitifs en son château et trouva dans son mariage avec la fille unique de Talvas l'espérance d'étendre sa puissance.

Alors, en Normandie, portait la couronne ducale le jeune et intrépide bâtard de Robert-le-Diable. Dans sa première bataille du Val-des-Dunes, Guillaume venait de montrer une valeur et une intrépidité téméraire et indomptable. Son allié, Henri Ier, roi de France, avait admiré la fougue belliqueuse de son vassal, et avait voulu lui-même l'armer chevalier. Les seigneurs normands révoltés contre leur chef avaient courbé la tête et reconnu leur suzerain. Montgommery avait toujours soutenu Guillaume; il s'empressa de lui dénoncer la conquête du duc d'Anjou, il lui montra son duché ouvert sans défense, il lui prédit les incursions d'un voisin entreprenant et victorieux. Guillaume fier de son premier triomphe, assuré de la soumission de ses sujets, confiant dans sa destinée, saisit avec empressement l'occasion de mesurer sa valeur contre l'intrépidité du célèbre et turbulent Geoffroy Martel. Sans tarder, il ordonne la concentration de son armée à Falaise, s'entoure de ses chevaliers les plus dévoués, et, suivi seulement d'une petite troupe, il chevauche vers l'Alençonnais. Au moment où l'avant-garde traversait la forêt voisine de la place, elle est attaquée par les Angevins cachés en embuscade ; bon nombre de chevaliers normands périrent bravement ; Guillaume accourt au bruit de la lutte, la mort de ses braves serviteurs excite son audace, sa fureur le rend redoutable, il tombe sur ses ennemis, les fait plier, les met en fuite, les taille en pièces; il s'élance sur Martel, d'un formidable coup d'épée lui froisse le heaume, lui coupe la coiffe, lui détache l'oreille et lui fait mordre la poussière. C'en était fait du duc d'Anjou sans le dévouement de ses soldats, le blessé est enlevé grâce à l'attaque habile du connétable du château, mais ce chevalier paye de sa vie ce noble dévouement : Guillaume furieux de voir son ennemi lui échapper, transperce l'Angevin d'un formidable coup de lance, puis il court dans la direction du château d'Alençon. La bravoure prodigieuse du bâtard venait de le sauver d'une embuscade qui aurait dû lui coûter la vie : le duc d'Alençon avait été trahi par Grimoult-Plessis, un des Normands révoltés et vaincus : Geoffroy avait été informé des projets du duc de Normandie et de la reconnaissance que Guillaume devait faire du pays à la tête de sa faible escorte. Geoffroy comptait surprendre son ennemi et la mort du jeune duc devait assurer aux Angevins l'affermissement de leur domination et peut-être leur permettre la conquête de la Normandie. La bravoure de Guillaume et de ses chevaliers avait renversé les desseins et la fortune de Martel ; elle aurait même pu, grâce à la panique de l'ennemi, faire tomber le château au pouvoir du bâtard, si les normands eussent été en nombre.

Guillaume ne put pénétrer dans la place, mais il se rendit compte de son importance et de son isolement : les campagnes environnantes paraissaient désertes, les incursions des Giroye et les mœurs du temps avaient attiré les vassaux dans l'enceinte fortifiée ; cette époque était barbare, le crime était même réglementé, le clergé avait imposé avec peine la trêve de Dieu aux brigandages : pendant quatre jours et cinq nuits par semaine, nul méfait n'était permis, mais à peine le soleil était-il levé le lundi que jusqu'à son coucher du mercredi, apparaissaient avec impunité toutes les violences, les attaques, les meurtres, les vengeances, la dévastation.

Cependant Guillaume mit en marche son armée aguerrie campée aux alentours de Falaise, il s'arrêta sous les murs d'Alençon et vint prendre position vers le sud, entre le château et la forteresse du boulevard, sur l'emplacement occupé de nos jours par le quartier du Marais et par les jardins de l'hôpital et de la Barre. Il fit élever dans cet endroit trois ouvrages fortifiés. Le plan du jeune chef consistait à surveiller ces deux places fortes de l'ennemi, à isoler et à conquérir la plus faible, à frapper ainsi l'esprit de la garnison du château et à la soumettre par intimidation. L'insolence des soldats angevins facilita ses projets. Le duc possédait une taille élevée, un maintien fier, un visage mâle, un caractère ardent, mais il était connu comme bâtard d'Arlette, fille d'un pelletier de Falaise ; pendant sa minorité la Normandie avait été livrée aux ambitions pillardes, aux passions brutales d'une multitude de hobereaux ; ces vassaux batailleurs avaient méprisé leur jeune chef et contesté sa suzeraineté, ils venaient d'être écrasés par la victoire de Guillaume, mais ce triomphe était récent, dissimulé aux soldats angevins, et le mépris pour le petit-fils du pelletier dominait chez l'ennemi. Aussi les assiégés du Boulevard apercevaient-ils dans son camp le duc de Normandie que tantôt ils frappaient contre les palissades du fort et s'écriaient à la pel! à la pel! tantôt ils suspendaient à leurs murailles des pels ou peaux toutes crues et encore souillées qu'ils secouaient en apostrophant ce jeune chef : « Beaucoup d'ouvrage pour un tanneur! disaient-ils. » « Par la splendeur de Dieu, s'écriait Guillaume, ils me paieront cher cette insolente bravade! »

Des membres seront esmundés,
Ne porteront ne pied ni pouing,
Ne se verront de preus, ne luing.

Sa vengeance apparaît prompte et cruelle : les fossés du Boulevard sont remplis de décombres et de débris de toitures; des assiégeants amoncellent des fascines près des murailles, allument ces branchages; les flammes se communiquent aux maisons voisines et jettent le trouble parmi les défenseurs. A ce moment, l'assaut est donné; le bâtard paie d'exemple, le combat est sans merci, les Angevins sont massacrés, à peine quelques-uns échappent-ils aux coups du vainqueur, trente-deux sont amenés vivants à Guillaume (1048). Sur les ordres du chef normand, ces malheureux sont garottés, ils ont les yeux crevés, les pieds et les mains coupés, et ces membres mutilés sont lancés dans le château par les machines de siège; les défenseurs de la place sont intimés de se rendre ou menacés de subir le sort atroce des victimes. La terreur saisit l'ennemi d'épouvante, le duc de Normandie pénètre bientôt en maître dans le château, son injure est vengée, sa renommée grandit par son triomphe sur le célèbre Geoffroy Martel, ses Etats recouvrent leurs anciennes limites et Montgommery voit sa fidélité récompensée par la restitution du domaine de Talvas. Le cruel Guillaume de Bellesme, Talvas II, ne rentra pas néanmoins dans ses forteresses; vieux et infirme, il mourut dans le château de Montgommery. En lui s'éteignit la maison de Bellesme. Son gendre devint seigneur d'Alençon; Mabile, sa fille, sut agrandir, par son habileté et son énergie, le territoire du nouveau suzerain de ce pays.

V

BATAILLE D'ALENÇON.

Un demi-siècle plus tard, les descendants du duc d'Anjou et de Guillaume-le-Conquérant devaient se retrouver sous les murs d'Alençon.

A la mort de Guillaume-le-Bâtard, la Normandie devint l'apanage de Robert, son fils aîné; mais Henri, son troisième fils, usurpa le trône d'Angleterre, il attaqua son frère, le vainquit à Tinchebray, l'envoya mourir dans les cachots et conserva la Normandie. Robert de Montgommery, comte d'Alençon, était devenu le vassal de Henri Ier, néanmoins il fit appel à Louis-le-Gros, roi de France, et à Foulques V, comte d'Anjou, et leur proposa de forcer l'usurpateur à rendre le duché à son neveu, Guillaume Cliton; aussitôt Louis-le-Gros attaque Henri et le contraint à lui demander la paix; il lui envoie Robert de Montgommery à Bonneville-sur-Touques pour en discuter les conditions. Le roi, duc de Normandie, réservait au comte d'Alençon le sort qu'il avait fait subir à son propre frère Robert; il l'envoya prisonnier en Angleterre, confisqua ses biens, puis accourut prendre possession du château d'Alençon, qui opposa une faible résistance.

Vers cette époque (1115) Henri Ier fit élever dans le château un donjon remarquable qui compléta les ouvrages défensifs, et fit creuser des canaux souterrains pour amener l'eau dans l'enceinte fortifiée.

Avant de quitter le pays Alençonnais, Henri Ier en gratifia son neveu Thibault, comte de Blois; celui-ci céda ce comté à Etienne, comte de Mortain. Le nouveau maître d'Alençon dépassa les Talvas en cruautés; il voulut imposer à son pays de nouvelles coutumes, remplit la ville de scandales, se livra à la débauche, commit de nombreuses exactions. Protégé par des soldats sans moralité, entouré de jeunes débauchés, il dépravа la contrée et poursuivit les habitants de vexations et d'exigences. Tant de maux excitent les haines, soulèvent les plaintes. Etienne pour les réprimer invente un supplice inouï : il fait arracher aux parents leurs enfants, de tout sexe et de tout âge, même ceux à la mamelle, il les jette dans le donjon et les fait garder par ses satellites : la plupart de ces innocents otages expirèrent victimes de mauvais traitements; les gentilshommes comme les vilains devaient dévorer ces outrages : le chevalier Payen de Gacé vit son gendre Amiot atteint dans son honneur, il ne songea qu'à tirer vengeance du comte de Mortain : il forme une conspiration avec les malheureux habitants et s'allie avec Foulques V le jeune, comte d'Anjou, qui désirait conquérir Alençon pour rendre le comté au fils de l'infortuné Montgommery.

Foulques guerroyait en Touraine, il donne à ses vassaux l'ordre de lui amener du Mans de nouvelles troupes, et sans attendre ces renforts vole au secours des habitants; bientôt ceux-ci introduisent leur libérateur dans la ville et le comte de Mortain s'enfuit vers son oncle le roi d'Angleterre. Henri Ier bataillait du côté de Laigle; à la nouvelle de l'arrivée des Angevins, il ordonna à ses forces éparpillées de se concentrer à Sées.

Pendant ce temps le comte d'Anjou, trop faible pour prendre le château, établissait un camp retranché à l'ouest d'Alençon, à deux kilomètres environ de cette forteresse; de bien faibles vestiges de l'emplacement choisi par Foulques subsistent encore, quelques mouvements du sol, visibles près des carrières de Hertré, peuvent remonter à cette époque. Le terrain était bien choisi, le camp voisin de la cité s'appuyait à la rivière la Sarthe, permettait d'entretenir des intelligences avec les habitants, pouvait recevoir sans difficulté les renforts du Maine et forçait l'ennemi avant de l'attaquer, à contourner une ville hostile.

Henri Ier voulait investir les Angevins avec sa puissante armée; le temps pressait, le mois de décembre était arrivé (1118). Mais Etienne n'attendit pas son oncle, il se crut en force, et sa témérité causa la perte de l'armée. Il arrive sur le camp ennemi avec son frère Thibault et quatre mille hommes; le comte d'Anjou n'avait pas de forces supérieures en nombre; les Normands se précipitent sur les retranchements et poussent de grands cris. Foulques ménage ses troupes, il ordonne une charge de cavalerie contre les assiégeants, il fait appuyer trois fois ce mouvement par des archers; les Normands avaient la force, de chaque côté l'acharnement égalait la vaillance, et sans les solides palissades, c'en était fait des Angevins : En effet Foulques devait être accablé par Henri qui arrivait au combat avec les Anglo-Normands. Mais à ce moment les renforts du Mans sont annoncés, Siziard de Sablé forme l'avant-garde, Robert de Sillé commande le premier corps d'armée, Gautier de Mayenne la réserve et Gui de Laval conduit l'arrière-garde : cette armée, avertie du péril de son chef, vole à son secours, elle se jette sur les flancs des troupes royales, les surprend et les fait plier ; Foulques est dégagé, il laisse l'infanterie à la garde du camp, il se met à la tête de toute la cavalerie : « Courage ! braves soldats, s'écrie-t-il, voici votre comte, frappez, suivez l'exemple de votre frère, de votre seigneur et marchez, » puis il charge l'ennemi déjà ébranlé ; Gautier de Mayenne rejoint alors les Angevins avec sa réserve, l'armée d'Henri est enveloppée dans un demi-cercle de fer, elle est culbutée, poursuivie l'épée dans les reins. Il fut fait un grand massacre des Anglo-Normands, au nombre desquels fut trouvé Thibault, et beaucoup de prisonniers restèrent entre les mains des Angevins. Le lendemain de la bataille était un samedi, le duc d'Anjou se rendit dans l'église du prieuré de Saint-Ysiges et remercia Dieu de la grande victoire qui lui permettait de délivrer les habitants d'Alençon de la tyrannie d'Étienne.

Le château devait bientôt se rendre ; Foulques prit la garnison par la soif, il intercepta le canal souterrain qui portait l'eau de la Sarthe dans le donjon. Trois jours après, les soldats capitulèrent et obtinrent la permission de sortir avec armes et bagages. Le traité avec Henri qui suivit la bataille rendit le comté d'Alençon à Guillaume, le fils de Robert de Montgommery.

VI

PHILIPPE-AUGUSTE ET JEAN-SANS-TERRE.

Alençon fut encore investi vers l'an 1203, et ce nouveau siège eut pour cause un crime resté légendaire en Normandie. Le dernier des Montgommery, Roger III, était alors comte d'Alençon, il se fit l'allié du roi de France Philippe-Auguste contre Jean-sans-Terre, duc de Normandie. En effet, après la mort de Richard Cœur-de-Lion, la couronne d'Angleterre devait revenir à Arthur de Bretagne, son neveu ; Jean-sans-Terre, frère de Richard et oncle du jeune prétendant, était un prince poltron, insolent, fourbe, emporté, débauché, paresseux et despote, il parvint à surprendre et à enfermer dans une prison son neveu Arthur; son but était de se débarrasser d'un rival, vassal et ami du puissant roi de France, aussi le fit-il jeter dans sa forteresse de Falaise; de nos jours l'on retrouve au milieu des ruines du château de cette ville le cachot de cet infortuné jeune prince. Le gouverneur, Guillaume de Briouze, reçut l'ordre de faire disparaître le prisonnier, mais ce capitaine repoussa un tel crime. Arthur bientôt est enlevé, dirigé sur Rouen, et le roi d'Angleterre fut accusé d'avoir lui-même de ses mains égorgé son neveu.

A la nouvelle de ce meurtre impie, Philippe-Auguste somma son vassal le duc de Normandie de comparaître devant la cour des barons de France; Jean-sans-Terre fit réponse qu'il était duc et roi et que le baronage d'Angleterre ne permettrait pas la comparution du duc, car le roi courrait péril de prison et de mort. Néanmoins Jean fut jugé, condamné à la mort et à la confiscation de toutes ses terres situées en France.

Cette sentence faisait revenir la Normandie à la couronne, Philippe-Auguste en poursuivit l'exécution. Le comte d'Alençon, le premier, offrit d'ouvrir ses forteresses à son nouveau suzerain; c'était au moment de l'été, les troupes royales tenaient garnison dans des places éloignées. Jean-sans-Terre voulut défendre son duché, il accourt avec son armée, met le siège devant le château de son ancien vassal, investit Alençon et dresse ses puissantes machines; les forts étaient dépourvus de troupes, ils ne pouvaient résister longtemps. Philippe-Auguste est aussitôt prévenu des projets du vassal félon; son désir est de venger la mort d'Arthur et de conquérir la Normandie, mais le temps presse et ses troupes éloignées sont impuissantes. A ce moment les preux chevaliers de France se trouvaient à Moret (9 kilom. S.-E. de Fontainebleau), ils venaient conquérir la renommée dans de brillants tournois; le roi accourt au milieu de ces seigneurs remplis d'une bouillante ardeur, il leur communique son indignation et enflamme leur courroux : « Braves chevaliers, dit-il, le meurtrier d'Arthur, la honte de la chevalerie, ose assiéger le château de Robert, les plaines d'Alençon, voilà le champ d'honneur! »

Tous répondent à l'appel royal, se rangent sous sa bannière et forment une troupe invincible chargée d'une mission sacrée.

Jean-sans-Terre espérait emporter la place en quelques jours, mais Robert, le comte d'Alençon, est avisé de l'arrivée du roi, il multiplie ses efforts, arme les habitants, montre un grand courage, retarde les travaux de l'ennemi et oppose au duc-roi une défense opiniâtre. Bientôt le bruit se répand de l'arrivée d'une armée de secours commandée par le roi de France ; le duc félon était sans bravoure ; il connaît la haine et le courage de ses adversaires, il sait que ses soldats ne pourront défendre sa personne contre l'intrépidité de tant de braves et qu'aucun chevalier ne lui fera quartier. Aussi la peur lui fait-il prendre la fuite, et dans sa précipitation abandonne-t-il son camp et son matériel de guerre. Philippe-Auguste n'eut qu'à recueillir les dépouilles opimes de l'armée anglaise. Les nobles chevaliers partagèrent le butin et campèrent sous les tentes d'un ennemi vaincu sans coup férir.

VI

LES QUATRE SIEURS D'ALENÇON.

La conquête de l'Angleterre par les Normands accabla la France de calamités. Les ducs de Normandie surpassèrent leur suzerain en puissance, ils convoitèrent la couronne et s'ils ne purent s'emparer du trône ils osèrent usurper le titre de roi de France; jusqu'à Napoléon Ier les souverains d'Angleterre se parèrent de cette qualité pompeuse et mensongère. Ce fut vers l'année 1417 que la France faillit être conquise par les Anglais : le jeune roi de France Charles VI en proie aux hallucinations, sans autorité, ne pouvait dominer les dissensions intestines du pays; la folie du souverain excitait les ambitions: le frère du roi, le duc d'Orléans disputait le gouvernement au duc de Bourgogne, avide de pouvoir ; ces deux adversaires appelèrent le roi d'Angleterre. Henri V débarque à Touques le 1er août 1417, il commande une puissante armée, il fait une marche triomphale à travers la Normandie : Caen, Bayeux, Falaise, Argentan, Sées tombent sans résistance en son pouvoir, Alençon seul oppose une barrière à l'ennemi. A cette époque la ville avait pris de l'extension, le château se reliait au Boulevard par des ouvrages défensifs. Le duc d'Alençon Jean II, jeune et orphelin se tenait auprès du dauphin Charles VII. La place était confiée à la garde de Jean Aché, surnommé le petit Galois. La faible garnison manquait de munitions de guerre et de bouche, lorsque l'ennemi se présenta devant les murs. L'armée anglaise s'établit (1417) au sud-est en face du Boulevard, le camp occupa le terrain qui, jusqu'à nos jours, a conservé le nom de Champ-du-Roi. Le siège commença, la résistance fut honorable ; Aché rempli de valeur et de prudence voulut épargner aux habitants un massacre inutile ; abandonné, sans secours, il capitula après huit jours de résistance et quitta la ville avec les honneurs de la guerre.

Le roi d'Angleterre pénétra le jour même dans la cité conquise, il séjourna jusqu'au mois de décembre dans le château et n'en sortit que pour continuer le cours de ses succès et surprendre au roi de France le honteux traité de Troyes (21 mai 1420) : Henri V épousa Catherine, fille de Charles VI, et le pauvre roi sans raison accorda qu'aussitôt après son trépas et dès lors en avant, la couronne et le royaume de France avec tous leurs droits et appartenances seraient perpétuellement et demeureraient à Henri et à ses héritiers.

Pendant une trève, les Anglais et les Français organisèrent sous les murs d'Alençon un de ces combats singuliers appelés gages de bataille. C'était une espèce de tournoi entre deux champions choisis dans les deux armées ennemies ; un juge désignait le vainqueur et fixait le prix de la victoire. Ce juge fut Loré, célèbre capitaine de Saint-Céneri : du côté des Français se présentèrent les deux champions le bâtard d'Orange et Huet de Saint-Barthélemi, ils luttèrent contre deux chevaliers anglais de la garnison d'Alençon : Orange contre Hantley, Huet contre Yon. Les deux armées ennemies assistaient à ce tournoi ; Orange renversé de son cheval au premier choc ne put se relever, devenu prisonnier de son adversaire, il se racheta en donnant un diamant à son vainqueur. Huet et Yon se chargèrent avec vigueur, le Français atteignit son rival d'un formidable coup de lance, il le transperça et l'envoya rouler sans vie sur le terrain. L'expiration de la trève arrêta ces jeux sanglants.

La folie du roi, la trahison de la reine Isabeau de Bavière, l'ambition du duc de Bourgogne livraient le trône et la France à un prince anglais ; le dauphin devenait un ennemi. A la nouvelle de ce crime, le sentiment national se réveilla et le dauphin Charles put soutenir la guerre avec quelques succès. L'armée anglaise qui avait mission d'amener la France aux pieds d'Henri V partit d'Alençon sous le commandement du duc de Clarence, frère de ce roi, elle traversa le Maine, envahit l'Anjou et rencontra à Baugé le 23 mai 1421 les troupes françaises commandées par le sire de la Fayette, accompagné du bâtard d'Alençon ; les Français remportèrent une victoire signalée, le duc de Clarence fut tué dans l'action. Ce succès fit naître de nouvelles espérances et l'année suivante les Français se présentèrent devant Alençon ; peut-être vainqueurs, mais privés de secours, abandonnèrent-ils la place ; peut-être échouèrent-ils devant la résistance de la garnison, toujours est-il qu'en l'année 1422, le 31 août, date de la mort d'Henri V, Alençon restait encore au pouvoir des Anglais.

Le 22 octobre 1422 mourut à Paris le roi de France Charles VI ; aussitôt le duc de Bedfort, régent de France selon la volonté d'Henri V, fit proclamer par un héraut « vive Henri VI, roi d'Angleterre et de France. » Le Parlement de Paris reconnut cet avènement. Alors le dauphin, soutenu par l'espérance du peuple, prit le 30 octobre le titre de roi sous le nom de Charles VII. De 1422 à 1429 la guerre continua entre les armées du duc de Bedfort, oncle d'Henri VI encore au berceau, et les troupes du roi de France, avec des alternatives de succès et de revers pour les deux partis. Le mont Saint-Michel résista pendant huit ans aux attaques des Anglais. Bientôt le patriotisme disputa à la domination étrangère les fragments de la patrie.

La guerre de cent ans, dont Jeanne d'Arc fut l'héroïne et la sublime martyre, allait bientôt rendre la France indépendante. Une femme devait perdre la France et une jeune fille la relever. « C'est le plaisir de Dieu, disait la pucelle au roi, que nos ennemis les Anglais s'en aillent en leur pays. » La fortune semblait favoriser la France. Le jeune duc d'Alençon avait facilité la mission de Jeanne d'Arc : souvent il avait combattu près de cette pieuse fille qui l'appelait son gentil duc. Elle lui avait même sauvé la vie devant la place de Jargeau le 12 juin 1429. Vers 1449 des dissensions éclatèrent en Angleterre, les chefs ennemis retournèrent dans leur patrie, les garnisons devinrent plus faibles. Le duc Jean d'Alençon tira un des premiers profit de cette situation : un jour le seigneur de Fontaines, près Fresnay, Macé-Mallard, apprend que le capitaine anglais du fort d'Essay doit venir avec ses soldats et une partie de la garnison du fort de Boitron pêcher dans l'étang d'Aves le mercredi des cendres (1449) Macé-Mallard prévient le duc, l'accompagne et suivi de braves chevaliers surveille l'ennemi. Les Anglais mal armés et sans défiance se mettent à l'eau, détournent l'étang, entrent dans la vase, se livrent au plaisir d'une pêche fructueuse et se réjouissent déjà de l'abondance de ces provisions précieuses en temps de carême. Soudain les Français arrivent, entourent l'étang, massacrent les fuyards, retiennent les autres prisonniers. Aucun soldat ne peut jeter l'alarme dans Essay, cette place est surprise, elle est contrainte de se rendre et Boitron éprouve bientôt le même sort.

Ce brillant fait d'armes remplit de joie les habitants d'Alençon, eux aussi veulent chasser l'Anglais et revoir leur duc. Alors il se passe un fait mémorable, l'honneur d'une cité : Une conspiration s'organise, les chefs sont les sieurs ou échevins de la ville, ce sont Jean Dumesnil, Jean Brosset, Guillaume le Bouleur et Jean Moinet; tous les quatre lient des intelligences avec le duc d'Alençon, le plus jeune et le plus actif des sieurs, Moinet se rend à Essay, il se concerte avec Jean II : le duc viendra la nuit près de la poterne, sur un mot il sera introduit dans la ville, les habitants armés se rangeront sous son commandement, les postes ennemis seront surpris et le château bientôt enlevé. Au jour convenu, l'un des conjurés, Duval, prend la garde de la poterne, il doit ouvrir au mot d'ordre; la nuit survient, chacun est à son poste, la ville est calme, silencieuse, l'Anglais est confiant, le duc et ses chevaliers dévoués se glissent le long de la Sarthe, tous sont couverts d'armures sombres; Jean approche de la poterne, donne le signal et se prépare à entrer. Mais nul ne répond et la porte reste close. Le duc s'inquiète : ou la conspiration est découverte ou il est tombé dans une embuscade des Anglais voulant se venger de la surprise de l'étang d'Aves. Sans tarder il se retire en silence, rejoint sa réserve et se dirige vers Essay.

Cependant dans la ville, les conspirateurs armés et embâtonnés attendent leur chef avec anxiété ; les quatre échevins, chefs de la conspiration accourent à la poterne ; un triste spectacle les frappe d'indignation : Duval étendu sur le sol dort profondément, il a cédé à la fatigue ou à la peur, il n'a pas entendu le signal des Français. L'intrépide Moinet s'élance à la recherche de Jean II, il parvient à le rejoindre près Aché, lui dépeint le désespoir des habitants et le prie de l'accompagner dans sa ville. Le duc craint une embuscade et il en fait l'objection : « C'est de bonne foi, reprend Moinet, accourez, les conjurés sont en armes. »

A cette heure, les Anglais de garde près de la porte de Lancre jouaient aux cartes ou se livraient au repos ; le commandant Jean Wornay, tout armé, s'intéressait aux paris : tout à coup la porte est envahie par la multitude, les soldats sont tués ou garottés, Wornay se défend avec désespoir, il ne veut pas tomber vivant entre les mains des conjurés, il gagne le rempart, est serré de près, un moment entouré, il n'échappe à ses agresseurs qu'en sautant dans les fossés; la hauteur était considérable, il se brisa les jambes et les Français le relevèrent vivant. A cet instant, le signal de Moinet avertit les conjurés de l'arrivée du duc, on abaisse le pont-levis, les habitants enivrés de leur triomphe s'élancent au-devant de Jean II, lui amènent quelques prisonniers et se mêlent aux 160 lances et aux archers qui accompagnent leur chef. Aux cris de victoire, la ville entière s'enthousiasme et se soulève, le commandant anglais, Nicolas Morin, s'empresse de s'enfermer dans le château; l'investissement paraît utile, Louis de Beaumont amène à Jean des renforts du Mans; la famine menace les assiégés, nul habitant ne leur donnerait des vivres, toute résistance paraît un danger. Les Anglais capitulèrent et se retirèrent en liberté avec leurs bagues.

Les sieurs d'Alençon se montrèrent dignes du compagnon de Jeanne d'Arc : l'allégresse exalta les cœurs, et vive se montra la reconnaissance du duc et du roi. Le 5 décembre 1449 Jean II gratifie les quatre héros de lettres de noblesse et Jean Dumesnil, le promoteur de la conjuration, fut anobli par le roi de France. Depuis cette époque, la rue du domicile de ces héros porte le nom mémorable de rue aux Sieurs, et longtemps les armes des sauveurs d'Alençon servirent d'ornement aux voûtes de l'église Notre-Dame. Dumesnil, Brosset, le Bouleur, Moinet occupèrent les premières places de la magistrature du duché et, désormais les sieurs prirent le titre de gouverneurs et administrateurs de la ville. Les habitants d'Alençon obtinrent des privilèges importants. Un seul, honni de tous, se vit stigmatisé du nom de l'endormi, ce fut Duval.

Alençon rentrait à la France, son exemple excita des soulèvements : Fresnay, Bellême, Mortagne, Argentan, Rouen, reconquirent leur indépendance; la victoire de Formigny, due au connétable de Richemont, refoula les Anglais sur Cherbourg. Bayeux, Avranches, Caen, Falaise tombèrent au pouvoir de

Charles VII ; Cherbourg, le dernier retranchement de l'ennemi en Normandie, cédait en août 1450; l'armée française avait chassé l'étranger.

VIII

LOUIS XI ET LE DUC DE BRETAGNE.

Jean II duc d'Alençon montrait dans les combats bravoure et témérité, mais son amour du luxe le rendit prodigue et le besoin d'argent lui fit ternir sa renommée par les actes les plus condamnables : faux monnayeur, félon, infidèle, il cherchait des ressources tantôt dans un dévouement momentané au roi de France, tantôt dans une trahison coupable en faveur du roi d'Angleterre, aussi ses intelligences secrètes avec l'ennemi de sa patrie lui valurent-elles deux condamnations à mort; s'il ne fut pas exécuté la seconde fois, son souverain le mit dans l'impossibilité d'essayer de nouvelles révoltes.

Louis XI fit pendant sa vie des prodiges d'astuce et de dissimulation; il poursuivit par ses artifices la ruine de la féodalité : la lutte incessante contre son frère le duc de Berry, contre les puissants ducs d'Anjou, de Bourgogne, de Bretagne glorifia son règne. Le roi avait donné la Normandie à son frère, mais il ne tarda pas à la lui reprendre sous prétexte d'obéir à la délibération des états généraux de 1468 qui avait décidé que le duché de Normandie ne devait et ne pouvait être séparé de la couronne. Le duc de Bretagne résolut de rétablir le duc de Berry dans cette province : il fait alliance avec le comte du Perche, et Jean II d'Alençon entre dans cette ligue contre le roi. Le château reçoit les troupes bretonnes, la place est ravitaillée, le comte du Perche, puis Jean de Laval amènent des renforts et commandent tour à tour la garnison. Alençon allait bientôt devenir l'objectif de l'armée royale. Les alliés, sous prétexte de mettre la ville en état de défense, brûlèrent et pillèrent les maisons des faubourgs Saint-Blaise, Montsort, Lancrel et l'Ecusson. L'avant-garde des troupes de Louis XI arriva sous le commandement de Gaston et elle établit son camp sur la route d'Essay à proximité de la ville; les Bretons s'empressèrent d'attaquer ce corps d'armée, ils firent une vigoureuse sortie, mais d'un côté se trouvait le désordre, de l'autre régnait la discipline, le succès ne pouvait être douteux; au premier engagement les Bretons furent refoulés dans leurs murs.

Le politique Louis XI, résolut de frapper l'ennemi par l'intimidation et de le prendre par la ruse : l'armée destinée à conquérir Alençon se composait de cent mille chevaux, de vingt mille fantassins et d'artillerie; ces troupes défilèrent en présence du roi et du cardinal La Balue entre Alençon et le Mans et vinrent faire l'investissement de la ville. Les alliés de leur côté, se jurèrent fidélité et secours et imposèrent ce serment aux ecclésiastiques et aux notables et bourgeois de la cité. Le roi cependant suivait son système de prudence, il faisait sonder le comte du Perche, offrait pour sa soumission des conditions avantageuses ou menaçait son refus de terribles représailles. Le roi fut aidé dans ces négociations par la conduite des habitants d'Alençon : les bourgeois détestaient les alliés, l'insolence des Bretons les irritait, la ruine et le pillage des faubourgs soulevaient leur colère et leur vengeance, naguère ils avaient vaincu les Anglais, ils comptaient bien chasser les Bretons et le comte du Perche. Celui-ci se vit poursuivi par les Alençonnais et menacé par le roi, il prit son parti, fit sa soumission, s'affilia aux bourgeois et conspira contre ses alliés. Des soldats assiégeants sont introduits pendant la nuit dans la ville et le château et, profitant du repos des Bretons, ils se jettent sur eux, les désarment, occupent les portes, introduisent un corps important de troupes royales et chassent la garnison. Louis XI triomphait sans combat; le 7 août 1471 le roi fit son entrée dans la ville; les habitants accueillirent leur souverain avec empressement et joie, n'avaient-ils pas contribué à la reddition de la place? Louis XI visita Notre-Dame, entendit la messe dans cette église et parcourut les différentes parties de sa bonne ville. Au moment où il se rendait dans le parc, le beau séjour des ducs, une grosse pierre se détacha de la partie supérieure de la muraille, près du pont voisin de la tour couronnée, tomba aux pieds du roi, faillit lui écraser la tête et déchira un pan de son vêtement. Ce prince brave et cruel redoutait la mort, effrayé du danger couru, il se signe, baise la terre, fait vœu à Saint-Michel d'aller en pèlerinage suspendre dans son sanctuaire la pierre et le morceau d'étoffe à une lourde chaîne d'or.

Les auteurs de cet accident étaient une dame et un page; dans leur course folle sur les remparts, ils avaient fait tomber la pierre et failli tuer le souverain. Le roi reconnut leur innocence, punit les imprudents de quelques mois de prison, et par cet acte de clémence prouva aux habitants terrifiés sa reconnaissance pour leur dévouement.

Quelques jours après, Louis XI accomplissait son vœu au mont Saint-Michel.

Le duc d'Alençon devait payer sa félonie de sa liberté, Tristan l'Hermite le fit surprendre et arrêter; convaincu de trahison, l'allié du duc de Bretagne et du roi d'Angleterre entendit prononcer son second arrêt de mort, le souverain fit grâce, mais le duc resta enfermé dans un cachot de la grosse tour du Louvre jusqu'à sa mort qui survint en l'an 1476.

IX

HENRI IV

Sous Louis XI, la ligue du duc de Bretagne avait amené devant Alençon l'armée royale, les dissensions intestines devaient aussi, en 1589, faire investir la ville par les troupes d'Henri IV.

A cette époque trois partis divisaient la France : le duc de Mayenne dirigeait le parti catholique ou de la Ligue, Henri de Navarre et Condé soutenaient le parti protestant, au milieu se trouvait le parti des modérés formé des catholiques sages, ennemis des excès et étrangers à la Saint-Barthélemi. Alençon réprouva tous ces massacres et se rangea du côté des modérés.

Alors commandait le château Claude d'Escolliers, surnommé Pastoureau; ce capitaine disposait de cent arquebusiers à cheval; le gouverneur de la ville s'appelait René de Renty, baron de Landelles. L'ambition suscita la rivalité entre ces deux chefs, chacun prétendit dominer et chacun se créa des partisans. La ville tenait pour le roi Henri III et détestait Mayenne. Renty excita les passions populaires contre Pastoureau, il révéla aux protestants les prétendus projets du capitaine de livrer le château à la Ligue. La crainte du duc arma le bras des assassins, et le 30 avril Pastoureau tombait derrière l'église Notre-Dame sous le poignard au moment où il se rendait pour dîner chez Jean de Frotté, seigneur de Couterne.

Ces accusations perfides et fausses ne profitèrent pas au gouverneur. Mayenne marchait sur Alençon, le 18 mai 1589 son armée apparut sous les murs, rasa par le feu les maisons du faubourg de Lancrel; le lieutenant général Nicolas le Barbier connaissait dans la place des partisans de la Ligue, ces intelligences permirent aux troupes d'y pénétrer; Renty se retira dans le château, l'artillerie de Mayenne menaça la forteresse, le gouverneur à bout de ressources se rendit le 22. Mayenne n'imposa pas aux habitants de dures conditions : la ville nourrirait l'armée, payerait quarante mille écus ou trente-deux mille si elle versait sans attendre une partie de cette rançon et jurerait de vivre et de mourir pour la Ligue; le capitaine Lagau commanda la garnison chargée de garder le château; Mayenne se dirigea sur Mortagne.

A cette époque, Henri III assiégeait Paris, il séjournait à Saint-Cloud dans la demeure du comte de Retz : le mardi 1er août à huit heures du matin, un moine sollicita la faveur de parler au roi, les gardes hésitèrent à recevoir cet étranger; le roi ordonna de l'introduire, le souverain sortait du lit, il n'avait qu'une robe de chambre sur les épaules; le moine lui présenta des lettres du comte de Brienne et il manifesta le désir de lui parler en secret; Henri III fait éloigner ses gens, reste seul avec son hôte et se met à lire les missives; le moine portait dans sa manche un couteau tout nu, il le plonge avec vigueur dans le bas-ventre du roi et le laisse dans la plaie. Henri III mourut, et son assassin, qui s'appelait Jacques Clément, ligueur fanatique, passa pour une créature de Mayenne.

Le 2 août 1589 les protestants saluent comme roi Henri de Navarre. Il fallait à ce prince du courage et de l'habileté; la France devait être conquise; la Normandie possédait les troupes du duc de Mayenne, Henri marcha à leur rencontre; son alliée, la reine Elisabeth d'Angleterre, lui envoya un secours d'hommes, d'argent et de vivres. Arques fut son premier succès, Mayenne passait pour un habile homme de guerre, il fut vaincu; Henri parcourut la province, moins en conquérant qu'en roi populaire, il s'empara du Mans et résolut d'entrer dans Alençon.

La ville lui était connue: avant la mort d'Henri III le Béarnais avait séjourné dans ses murs, il avait reçu l'hospitalité à Ozé chez Thomas le Coutellier, seigneur de Saint-Pater, un de ses maîtres d'hôtel ; cet officier était alors absent, Henri fut dignement accueilli par la dame ; celle-ci voulut faire honneur au prince, mais les ressources de la ville étaient faibles et ce ne fut pas sans difficulté qu'un barbier lui céda sa dinde.

Le passage d'Henri avait été connu dans la ville, sa popularité commençait à s'étendre, son arrivée devant la place avec son armée allait donc trouver les habitants disposés en sa faveur.

Le ligueur Lagau tenait toujours dans la place, il commandait trois cents hommes, mais d'incessantes conspirations menaçaient son autorité ; à maintes reprises ce capitaine sévit avec énergie : il fit arrêter et pendre Duval, l'apothicaire Prenel, Pierre Barbier, Vincent Petit, Michel Houssemaine, huissier de salle du roi de Navarre, tous soupçonnés d'hostilités. L'avant-garde du roi arriva sous les murs, ayant à sa tête Hertré, brave officier normand ; ce capitaine surprit le faubourg de Montsort, occupa les quartiers de Lancrel, l'Ecusson, la Barre et termina le 1er décembre ses travaux d'investissement. Les Anglais campèrent en face du Boulevard sur l'emplacement du champ du roi Henri V. L'attaque fut retardée par le défaut d'artillerie.

Brissac reçut l'ordre de Mayenne de secourir Lagau, il se dirigea sur Alençon avec des renforts, mais à la nouvelle de l'investissement de la place il battit en retraite.

Cependant l'artillerie du roi amenée par le maréchal de Biron approchait de la ville ; les routes étaient défoncées par les pluies et par les armées, il fallut traîner les canons sur des claies. Le 15 décembre l'action put être engagée ; la forteresse du Boulevard fut enlevée par les Anglais, aussitôt les bourgeois ouvrirent les portes de la ville. Lagau se retira dans le château avec ses soldats, l'artillerie de Biron démantela les murs, l'assaut était préparé, il fallait combler les fossés. Le roi venait d'arriver avec de nouvelles troupes, ce prince voulait activer le siège, et repartir sans tarder. Lafayole, commissaire de l'artillerie, aplanit les obstacles : la nuit, muni d'une lanterne sourde, il va sonder la profondeur de l'eau et découvre près d'une tour la chaussée qui en exhausse le niveau. Le canon renverse cet obstacle, les fossés se vident avec rapidité et les brèches deviennent abordables. Lagau ne pouvait plus tenir, il capitula et obtint les honneurs de la guerre. En signe de joie les habitants ouvrirent le jour même leurs boutiques. Hertré reçut le gouvernement de la ville et du château, Henri IV ne laissa pas de troupes dans cette cité qui s'était fait remarquer par son dévouement. Le parti des modérés se ralliait alors avec empressement et reconnaissance au roi de France. Alençon remit à ce prince le reliquat de la rançon imposée par Mayenne; cette somme se montait à deux mille sept cent quatre-vingt-trois écus dix-huit sous. La cité lui offrit à titre de prêt une somme de six mille écus et au moment de son départ les habitants manifestèrent par des vœux leur sympathie au roi populaire qui, d'après de Thou, se montra plus attentif à la conservation de son royaume qu'avide de conquêtes et qui ne séparait pas ses propres intérêts des intérêts de son peuple.

X

OCCUPATION D'ALENÇON PAR L'ARMÉE DE LOUIS XIII.

La dernière expédition entreprise contre le château d'Alençon remonte à Louis XIII. La reine-mère Marie de Médicis possédait un caractère ambitieux, violent, absolu; longtemps régente, elle remit avec regret le pouvoir au roi devenu majeur, mais elle conserva ses partisans, ses créatures, sa cour; cette sourde rivalité devait éclater en révolte; la rupture se manifesta au mois de juillet 1619. La veuve d'Henri IV portait le titre de duchesse d'Alençon, elle se rendit dans cette forteresse, nomma François de Faudoas d'Averton, comte de Bélin, son gouverneur, ordonna à cet officier de mettre cette place en état de défense et de repousser toute attaque. Marie de Médicis se retira ensuite à Angers, elle établit sa cour dans cette ville. De nombreux seigneurs, de brillants capitaines accoururent flatter ses espérances et s'assurer de ses faveurs; cette reine remplie d'illusions comptait sur de vaines promesses et se complaisait dans des rêves ambitieux.

Le jeune roi résolut d'abattre cet orgueil excessif et dangereux, lui-même commanda ses troupes et dans cette campagne il révéla de sérieuses qualités militaires : la fougue et la vaillance accompagnaient chez lui la décision et la fermeté. Louis XIII envahit la Normandie, occupa Rouen, Caen, Verneuil et se dirigea sur Alençon. L'avant-garde de l'armée royale était conduite par Créqui; le 20 juillet le gouverneur Faudoas fut informé de l'approche de l'armée, il ne doutait pas des résultats d'un siège, il crut prudent de se retirer, et dans la nuit, il évacua la place emmenant les partisans de la reine-mère. Créqui trouva la ville libre, pénétra dans ses murs et maintint les habitants sous l'autorité du roi.

La révolte de la duchesse d'Alençon fut anéantie au pont de Cé. La reine-mère vaincue invoqua toute sa tendresse pour son fils ; un traité fut conclu à Angers, et la réconciliation eut l'apparence de la sincérité. « Je ne songe plus qu'à plaire au roi, disait Marie de Médicis, et à prier Dieu pour sa personne et pour la prospérité de son royaume. »

L'ambition, la fierté, les regrets étouffèrent ces bons sentiments; la veuve de Henri IV, l'ancienne régente de France, devait mourir à Cologne, en exil, dans l'oubli et la misère (1642).

XI

DÉMANTÈLEMENT

Au XVIIe siècle, le génie de Vauban transforma les principales places de guerre de la France. Les fortifications dominantes disparurent avec leurs tours couvertes de parapets et percées de machicoulis; à ce vieux système furent substitués les travaux rasants et les murs à angles saillants. Alençon allait devenir ville ouverte : Dominée de tous côtés par les hauteurs de Bérus, des Terres-Noires, de Condé, de Saint--Germain, ses remparts ne présentaient plus qu'un dangereux nid à boulets. L'unité de la France avait terminé les luttes entre provinces : la Normandie se confondait avec le Maine, la Mayenne, le Perche, la Bretagne, l'Anjou dans la Patrie commune, et les ducs d'Alençon devaient désormais combattre avec patriotisme et vaillance les ennemis de la France entière. Les murs des forts d'Alençon sans utilité ne tardèrent pas à s'écrouler : Henri IV le premier ordonna le démantèlement du château en 1592 ; les deux belles tours et le pavillon d'entrée de la forteresse ont bravé le temps et les hommes ; le merveilleux donjon devait disparaître en 1780 malgré les justes et incessantes protestations de toute la population ; vers cette même époque furent démolis les vieux manoirs élevés dans l'enceinte fortifiée ; la tour couronnée rappelle encore la puissance d'un autre âge, mais la tour Giroye, sa parallèle, disparut vers l'an 1746. Dans ce XVIIIe siècle, les murailles, les tours de la ville furent abattues en grande partie, les portes monumentales furent rasées : celles de Sées et de la Poterne en 1724, celles de l'Encrel, de Sarthe, de la Barre en 1776. Déjà en 1679 le fort du Boulevard n'existait plus. Les débris de toutes ces nombreuses ruines servirent à édifier des contructions et des monuments : les Jésuites élévèrent le collège, la duchesse de Guise fut la principale fondatrice de l'hospice, les moines bâtirent le couvent des Capucins.

De nos jours, la partie centrale de la cité a conservé son cachet antique avec ses rues étroites et quelques vieilles maisons. Le système moderne apparaît dans les voies excentriques : La belle rue du Cours longe les anciens fossés et remplace des promenades plantées, jadis fréquentées par les habitants : La rue de Bretagne large et enrichie de beaux hôtels traverse l'ancienne campagne des seigneurs ; dans cette partie de la ville s'est élevé un quartier élégant au milieu du bocage délicieux d'un parc fleuri, et près du panorama grandiose du légendaire château des ducs.

Au lieu où furent l'étang et le moulin se trouve la vaste place d'Armes entourée de beaux édifices : c'est le Palais de Justice, l'Hôtel-de-Ville, la prison crénelée, ce sont de jolis jardins et des habitations resplendissantes de blancheur, c'est la nouvelle école Normale des filles, située au-delà du pont de la Briante et offrant en arrière-plan un tableau original et théâtral.

Les anciens faubourgs se confondent avec la cité. La rue Saint-Blaise renferme l'hôtel de la Préfecture, ce magnifique monument, style Louis XIII, édifié par de Fremont ou Fromont de la Beslardière, achevé et agrandi en 1676 par la duchesse de Guise. Les rues de Monsort sont rattachées à la ville par l'étroit pont jeté sur la Sarthe en 1700 et par le large Pont-Neuf établi en 1781. Cette rivière est encore traversée par le viaduc du chemin de fer et par un pont nouveau (1883) reliant au nord le faubourg avec la gare et les boulevards extérieurs qui, de tous côtés, contournent la cité avec leurs longues et verdoyantes avenues.

La ville moderne dépouillée de sa gloire guerrière a cherché de nouveaux succès dans les luttes pacifiques de l'industrie : ses fabriques de toile étaient naguère florissantes et nombreuses, ses diamants développent son commerce de bijouterie, ses dentelles merveilleuses, honorées du titre de point de France ont porté le renom d'Alençon plus haut que les exploits de ses guerriers. La cité conservera-t-elle sa nouvelle mission scientifique et industrielle? est-elle destinée à voir un jour renaître sa séculaire puissance militaire? Dans notre système de défense nationale, Paris est le roi que l'ennemi cherche à faire échec et mat; de nombreuses lignes parallèles de forts détachés s'établissent dans des rayons de plus en plus éloignés de la capitale, Alençon occupe une de ces lignes; ses collines élevées et circulaires faciliteraient peut-être la construction d'ouvrages inexpugnables: un de ses monts dominants appelé butte Chaumont présente encore les vestiges de travaux défensifs qui remontent aux temps les plus reculés. Cette ville, maintenant ouverte, semble toujours attirer la convoitise de l'ennemi: les dernières luttes de la France n'ont elles pas de nouveau fait tressaillir ses antiques tours et retentir ses remparts ruinés de son vieux cri de guerre: Alençon! Alençon!

XII

1815

Les guerres de la République et de l'Empire n'amenèrent aucune bataille dans les plaines d'Alençon; la cité fut néanmoins illustrée par la célébrité de ses enfants: Qui n'a pas admiré le dévouement sublime du savant Desgenettes? ce chirurgien releva par son héroïsme à Jaffa le courage abattu de l'armée d'Egypte; vingt ans, il brava la mort pour sauver nos soldats sur tous les champs de bataille de l'Europe; il s'immortalisait par son courage et son humanité pendant que le général Bonet se distinguait par sa vigueur et sa bravoure: l'Allemagne, l'Espagne, la France furent le théâtre des exploits de cet officier qui commandait en chef les armées à trente-cinq ans. Dans le temps où ce valeureux soldat aidait à rendre invincible l'armée française, encore un Alençonnais protégeait nos colonies de son épée: le général Ernouf, jadis maître de danse, avait, dans les combats, conquis un avancement rapide, il s'était élevé par son mérite au grade supérieur de capitaine général de la Guadeloupe. Combien d'autres héros, enfants de la cité, firent avec nos cohortes redoutées des prodiges de valeur; sur tous les champs d'honneur gisaient, enveloppés dans leur gloire, leurs bataillons décimés. Ils n'étaient plus là aux sombres jours pour arrêter les flots de l'invasion : 1815 survint, et nos ennemis vaincus purent braver cent contre un les survivants meurtris, invalides et impuissants. Les provinces sont occupées, Alençon reçoit une armée prussienne de vingt mille hommes sous les ordres du général Tavenzien, les uhlans se livrent à toutes exactions, Blücher lui-même, le général en chef, impose son énergique autorité pour pour diminuer les désordres. Pendant trois mois la population alençonnaise subit le joug du Prussien. Le souvenir de cette époque néfaste resta vivant dans la cité et la haine de l'étranger grandit avec les générations : aussi la déclaration de guerre de 1870 fut-elle saluée de ce chant patriotique qui souleva au théâtre de la ville un enthousiasme unanime :

Vengeons les mânes de nos pères,
Des peuples soyons les soutiens,
Quand Dieu rend nos armes prospères !
En avant contre les Prussiens!

Par la gloire épuisés naguère,
L'outrage nous vit sans défense,
Aujourd'hui que tant d'insolence
Tombe devant nos chants de guerre.

..... Ces espérances de revanche et de gloire disparurent soudain noyées dans ces larmes de sang : ...Sedan!! Paris!! Châteaudun!! Le Mans!! Alençon!!

XIII

1871

LA VEILLE DU COMBAT D'ALENÇON

Le 14 janvier 1871, une triste nouvelle excitait dans Alençon une émotion vive et la crainte de nouveaux malheurs : Frédéric-Charles occupait le Mans; l'armée de Chanzy, deux jours victorieuse, cédait à une panique fatale, et se repliait sur Laval et Mayenne. De tous côtés arrivaient des fuyards; l'ennemi les poursuivait; le chef-lieu du département semblait être l'objectif des Prussiens.

Depuis longtemps les mobilisés de l'Orne et de la Mayenne

gardaient la ville contre une surprise de la part des Allemands, et bivaquaient en avant, sur les routes du Mans, de Fresnay, de Mamers; le service d'éclaireurs était réservé aux gendarmes et à un escadron de chasseurs.

Le Préfet de l'Orne, M. Antonin Dubost, nommé récemment par le ministre Gambetta, dans une proclamation aux habitants, avait, dès le matin, fait appel au sang-froid de la population alençonnaise :

« La peur, écrivait-il, qui engendre le désordre, ne fait jamais que des victimes. Avons-nous besoin d'ajouter que nous sommes disposés à nous défendre les armes à la main, jusqu'aux portes de la ville.

« La garde nationale est composée de citoyens soucieux, je pense, de leur dignité et de leur honneur. Ils n'imiteront pas ces âmes pusillanimes qui cherchent dans l'existence de leur prétendue faiblesse un prétexte pour se soustraire à la mort.

« Citoyens! si les Prussiens viennent jamais coucher dans nos lits, il faut que l'on puisse dire d'Alençon qu'elle fut vraiment digne de la République, de la Patrie et de la Liberté!

« Quant à votre Préfet, il ne se retirera que quand il sera bien constaté que l'honneur et le droit n'ont rien pu contre la force.

« Citoyens! un grand homme a dit : « L'adversité est notre mère; la prospérité n'est que notre marâtre. »

« Le jour n'est pas loin, je vous le jure, où la mère engendrera. Il n'y a pas de droit contre le droit. Les Prussiens ne peuvent tarder à en faire l'expérience. »

Vers une heure de l'après-midi, le Conseil municipal (1) se réunit à l'Hôtel-de-Ville : le maire, M. Lecointre (2), s'empresse de lui annoncer que l'ennemi menace Alençon, et que le général de Malherbe, commandant en chef du département, se dispose à faire soutenir ses troupes par la garde nationale, et à défendre

(1) Voici les noms de tous les Conseillers municipaux de la ville d'Alençon : MM. Lecointre, maire; Chambay, Henriet, adjoints; de La Sicotière, député et avocat; Baudry, Poupet, Lherminier, avocats; Tixier, Félix Hommey, notaires; Prévost, médecin; Fresnais, Romet, Geslin, Sanson, Saillant, Mallet, Lemée, négociants; Grollier, député; Crocquefer, Mathieu Vivario, ingénieurs civils; Montel, Leveillé, Michel René, propriétaires; Chevreuil, juge de paix; Libert, absent, chirurgien de la mobile.

(2) Procès-verbaux des séances du Conseil municipal de la ville d'Alençon

contre les approches des Prussiens les positions de Neufchâtel de Fyé et des Aulnais : points fortifiés éloignés de la ville (1) et désignés par le Comité de Défense du département (2).

..... Bientôt le rappel est battu; la garde sédentaire court aux armes; le ciel est sombre, l'air glacial, le sol couvert d'une neige abondante ; sur la place d'Armes quelques sentiers sont à peine tracés : c'est là que les compagnies se rangent, elles attendent longtemps des ordres, exposées aux rigueurs d'un froid intense.

Puis les tambours battent aux champs et le Préfet apparaît ; il est suivi du général de Malherbe, du maire, M. Lecointre, du général de Boistertre, commandant de la garde nationale, et de plusieurs Conseillers de préfecture ; il passe en revue la milice, paraît satisfait de sa tenue et lui ordonne de former le carré : placé au centre des soldats citoyens, il leur adresse une chaleureuse harangue et les encourage au combat : « Il faut, dit-il, que tout homme de cœur fasse à la ville un rempart de son corps ; chacun de nous, avant d'aller au feu, doit faire son testament ; arrêter l'ennemi, c'est sauver l'armée de Chanzy, c'est sauver la Patrie ; quant à lui, il est résolu à payer d'exemple et à remplir son devoir jusqu'au tombeau. » Il fait ensuite appel aux citoyens pour miner les ponts et dresser des barricades dans l'intérieur de la ville.

Echauffés par ces excitations, entraînés par leur patriotisme, les uns demandent la bataille ; d'autres, plus calmes, en acceptent sans murmures les conséquences fatales ; le salut de l'armée de Chanzy dominait les cœurs et les craintes ; mais tous les habitants s'opposent à une guerre de barricades à l'intérieur et protestent contre le projet du Préfet de faire sauter au besoin les trois ponts (3) jetés sur la Sarthe pour protéger la retraite de nos troupes : isoler ce quartier populeux et pauvre de Monsort, n'était-ce pas l'exposer aux représailles d'un vainqueur cruel et sans merci ?

(1) Ces points stratégiques et barricadés sont situés, savoir : Neufchâtel, à 12 kilomètres environ d'Alençon, sur la route de Mamers; Fyé, à la même distance, sur la route du Mans; et la butte des Aulnais, à 6 kilomètres, sur la route de Fresnay.

(2) Le comité de défense du département comptait parmi ses membres : MM. le général de Malherbe, le général de Boistertre, le commandant Le Maître, le colonel Tardy, le colonel d'artillerie en retraite d'Hostel, l'ingénieur en chef du Plessis, l'ingénieur de Domfront de La Tournerie, M. Boissière.

(3) Voir les notes explicatives publiées sur ces événements à Alençon.

De quelle utilité devait être cette destruction : ou l'ennemi se présenterait par petites colonnes en ravitaillement, et les forces disponibles devaient l'arrêter à plusieurs kilomètres, aux points fortifiés par le Comité de défense ; ou bien une armée nombreuse envahirait la ville, et son matériel de ponts volants lui permettrait sans retard le passage des rivières : la ruine des ponts situés dans les murs ne pouvait offrir ni avantage, ni sécurité, ni compensation.

..... Bientôt des bataillons de mobilisés se rangent sur la place d'Armes.

Des trompettes retentissent soudain, et par la rue du Château débouche un régiment à l'allure vive et guerrière : ce sont les braves francs-tireurs Lipowski, les héros de Châteaudun : ils sont deux mille ; ils accourent à la défense d'Alençon ; épuisés par des marches forcées, ils aspirent à se refaire afin de livrer de nouveaux combats.

La nuit survient.

Le Conseil municipal s'est réuni de nouveau : des officiers de la garde nationale se présentent (1) ; ils sont introduits dans la salle des séances : alors s'adressant au Conseil : « Tous, disent-ils, nous sommes prêts à nous sacrifier pour la défense de la Patrie, mais nous voulons combattre loin de la ville ; le Préfet entend préparer dans l'intérieur une guerre de barricades ; au nom de la garde nationale, nous venons protester contre de tels projets : nous demandons au Conseil de sauver les familles d'Alençon de la destruction, du deuil et de la ruine. »

Aussitôt M. Baudry, avocat, propose au Conseil municipal d'aller trouver l'Autorité militaire et de s'assurer si le général Chanzy ou le Ministre de la guerre ont ordonné la rupture des ponts intérieurs et la lutte dans la cité ; s'il en est ainsi, ajoute-t-il, le Conseil et la Ville, si énormes et si douloureux que soient les sacrifices qui peuvent leur être imposés, doivent trouver dans leur patriotisme, dans leur amour sincère pour la France, le courage de les accepter sans limites.

Aussitôt le Maire se rend chez le général de Malherbe ; à son retour, il déclare au Conseil que le Commandant en chef n'a reçu aucun ordre de Chanzy, et que cet officier supérieur est ré-

(1) Procès-verbaux des séances du Conseil municipal.

solu à repousser l'invasion, mais aussi à combattre l'ennemi aux environs de la ville.

Le Conseil municipal, ému de la direction que M. Antonin Dubost prétend imposer à la défense contrairement aux projets du Général, se transporte à la Préfecture, et là il insiste pour avoir communication des ordres supérieurs prescrivant la destruction des ponts et la guerre à outrance dans l'intérieur d'Alençon.

Le Préfet, dans une longue et vive allocution, répond qu'il a reçu du Ministre carte blanche pour diriger les opérations de la défense; qu'il est en correspondance avec le général Chanzy (1); que celui-ci et le Ministre de la guerre, par des considérations qu'il ne peut rendre publiques, regardent comme un intérêt véritable de défense nationale que la ville d'Alençon combatte à outrance; que le salut de la Patrie exige que la ville tienne jusqu'au lendemain dimanche minuit; qu'il faut retarder l'ennemi par tous les moyens possibles, dût-il ne pas rester à Alençon pierre sur pierre. Il ajoute qu'au reste son intention n'est d'user de la rupture des ponts et de barricades intérieures que si les positions avancées ne peuvent être maintenues.

Toutefois il refuse au Conseil municipal communication des instructions du Ministre, et se borne à soumettre au Maire une dépêche de Chanzy qui ordonne la rupture des ponts situés à plus de 24 kilomètres de la ville, entre Beaumont et Fresnay. Puis il confie, sous le sceau du secret, aux Conseillers, qu'une armée de trente mille hommes accourt de Cherbourg au secours d'Alençon.

..... Mais déjà à ce moment l'ennemi est signalé, il approche, il occupe Beaumont-le-Vicomte; des troupes de mobilisés et de francs-tireurs sont envoyées en grand'gardes, de fortes patrouilles sillonnent les routes du côté du Mans; les cavaliers croisent les fantassins; partout règne la fièvre et l'activité; par malheu les ordres des chefs se contredisent; les marches et contre-marches fatiguent les hommes, et dès ce moment, l'indécision du commandement démoralise et décourage des soldats peu aguerris.

Il est dix heures du soir : la place d'Armes fourmille de troupes; les fusils en faisceaux forment les rues d'un véritable camp;

(1) Voir les dépêches reçues par le Préfet et publiées seulement à la date du 24 mars 1871.

parmi les soldats, les uns se font un siège de leurs sacs; d'autres reposent sur un lit de neige leurs membres fatigués; d'autres plus heureux trouvent un abri, qui dans l'Hôtel-de-Ville, qui dans le Palais-de-Justice : tous cherchent à régénérer leur courage dans le sommeil : aucune alerte ne vint troubler le repos de ces hommes qui allaient encore exposer leur vie pour le salut de la Patrie.

XIV

LA BATAILLE (1)

Le jour de la bataille apparut froid et brumeux; sur la route la neige était glacée. Dès le matin, les troupes accouraient sous les armes : elles comprenaient les francs-tireurs de Paris, colonel Lipowski; les francs-tireurs d'Alençon, capitaine Huchet; ceux des Basses-Pyrénées, commandant Oustallet; ceux de Flers, capitaine Bougon; les mobilisés de l'Orne, colonels Raulin et Tardy; ceux de la Mayenne, colonel Bournel, et la 32e batterie (bis) d'artillerie de marine, composée de huit pièces de montagne et dirigée par le commandant Lecusinier; la cavalerie se composait de gendarmes et d'un escadron du 8e chasseurs : l'effectif du corps ne dépassait pas huit mille hommes, et sur ce nombre quatre mille à peine devaient prendre à l'action une part sérieuse.

Dès le matin, le Conseil municipal se rassemble à l'Hôtel-de-Ville : tous les Conseillers sont d'avis (2) que le Préfet, par une interprétation qui lui appartient, s'est créé un système de défense désastreux et ruineux pour Alençon ; et que son patriotisme qui ne peut être éclairé par des connaissances militaires auxquelles il est étranger, se fait illusion sur l'utilité de la rupture des ponts et de la guerre de barricades ; aussi font-ils à l'unanimité la déclaration suivante :

« Le Conseil proteste de son dévouement à la défense nationale; il déclare au nom de la ville et de la garde nationale toute entière que la défense aux postes en avant de la ville, qui ont été indiqués par l'Autorité militaire, doit être énergiquement soutenue.

(1) Cette nouvelle édition est augmentée par suite de renseignements puisés dans les rapports du général Chanzy et du grand état-major prussien sur le combat d'Alençon.

(2) Procès verbaux des séances du Conseil municipal.

« Mais considérant que la rupture des ponts intérieurs et la défense dans l'enceinte même de la ville essentiellement ouverte, ne sont prescrites par aucun ordre spécial du Ministre de la guerre et du général Chanzy;

« Considérant que l'Autorité militaire et le Comité de défense ont pensé que la ville ne pouvait et ne devait être défendue que dans les postes avancés;

« Considérant qu'après l'abandon de ceux-ci, toute autre défense, en l'absence de forces et d'artillerie suffisantes, serait désastreuse sans être utile et compromettrait le mouvement de nos troupes :

« Il refuse énergiquement son concours aux ordres émanés du Préfet. »

Vers dix heures, M. Antonin Dubost se présente devant le Conseil municipal : il annonce qu'il va télégraphier à Chanzy et au Ministre de la guerre les protestations du Conseil et son propre système de défense à outrance : « du reste, ajoute-t-il, je suis muni d'ordres qui me prescrivent la défense énergique d'Alençon et je ne puis faillir à ces prescriptions sans manquer à mon devoir. » (1)

Aussitôt le général de Malherbe, un de nos glorieux officiers de Crimée, présent à cette déclaration, après une protestation énergique et vive contre les prétentions du Préfet, soutient que la défense n'est efficace et possible qu'au moyen d'une concentration de troupes en avant de la ville, et il ajoute qu'il est résolu à combattre l'invasion, mais aussi à s'opposer énergiquement à la rupture des ponts et à la ruine de la cité.

Le Conseil appuie l'opinion du Général et lui adresse des remerciements au nom de la ville.

M. Dubost, se prévalant de pouvoirs absolus et d'instructions secrètes, croit devoir saisir la direction de la Défense nationale; et en effet, à peine sorti de l'Hôtel-de-Ville, il poursuit avec ardeur son plan de défense à outrance; tantôt à pied, tantôt à cheval, il parcourt les rues, appelle les citoyens aux armes, harangue les soldats, élève une barricade à l'entrée de la ville et signe des ordres pressants pour miner les ponts.

Déjà, la veille au soir, sur le chemin de fer une arche avait

(1) Voir les notes explicatives publiées à Alençon.

sauté ; cette opération fut utile : elle fortifiait en cas d'attaque l'aile gauche des Français, et protégeait la ville contre une surprise du côté de la gare.

Les Ingénieurs s'apprêtaient à miner les autres ponts, lorsque le général de Malherbe informé des ordres du Préfet, envoie des soldats chargés de s'opposer, même par la force, à leur exécution ruineuse.

A ce moment se firent entendre les détonations lointaines du canon.

Les Prussiens étaient à Bérus, à huit kilomètres de la ville ; ils abordaient la côte de la Feuillère (1), c'était l'avant-garde de la 22e division du 13e corps d'armée prussienne et un escadron du 13e hussards sous les ordres du général de Wittich : dans le village étaient embusqués quarante-trois francs-tireurs détachés le matin vers Beaumont pour faire sauter un pont du chemin de fer, situé dans cette direction ; ce détachement était sous les ordres du capitaine Prosper Brunière, de Paris ; il fait sur l'avant-garde un feu rapide et meurtrier : le combat s'engage, le canon retentit ; cette poignée de braves arrête l'ennemi ; elle cède le terrain seulement lorsqu'elle reconnaît la présence d'un véritable corps d'armée et parvient à regagner Alençon à force d'héroïsme et à sauver son convoi composé de sept voitures chargées de munitions.

La retraite des grand'gardes est inquiétée par les soldats allemands ; les batteries se dressent sur les points culminants de la Feuillère et précipitent leur tir ; ensuite, elles avancent vers Alençon sans interrompre leur feu, elles sont arrêtées à la hauteur du hameau du Coudray, à deux kilomètres du quartier de Monsort, par les obus des canons français ; elles se jettent aussitôt dans les champs et prennent position entre les villages du Coudray et de Saint-Gilles, près de deux ormeaux placés sur un soulèvement de terre.

Pendant le combat des avant-gardes, le quartier général français était établi sur la place d'Armes ; des compagnies de francs-tireurs et de mobilisés couraient à leur poste de combat, commandés par le colonel Raulin et le capitaine Oustalet. Vers onze heures deux compagnies de francs-tireurs envahissent la demeure

(1) La Feuillère est une côte élevée à environ huit kilomètres d'Alençon.

isolée d'un nommé Leroux, au hameau de la Détourbe, sur la route du Mans; ils enlèvent meubles, portes, barriques et planches, dressent une demi-barricade, s'embusquent les uns derrière ce rempart improvisé, les autres dans les appartements de cette maison, et arrêtent l'infanterie prussienne près de l'avenue de Hauteclair; en même temps huit de nos canons se masquent, sur la route, derrière cette même habitation, et leur feu bien nourri et bien dirigé contraint les batteries ennemies à ne pas dépasser le village du Coudray, les canons français sont soutenus par quatre nouvelles compagnies de francs-tireurs; ce premier engagement causa des pertes sensibles aux Allemands.

Sur la gauche de l'ennemi, les francs-tireurs Lipowski et des mobilisés occupent déjà la ferme de Hauteclair; les compagnies se développent en tirailleurs, elles s'appuyent vers leur droite sur le bois de Hauteclair et se relient vers leur gauche au village de Saint-Pater : chaque arbre, chaque pli de terrain, chaque haie, chaque maison abrite un soldat qui fusille les Allemands encore à découvert sur la route du Mans.

Cette attaque foudroyante est heureuse; l'ennemi recule; ses batteries elles-mêmes font un mouvement en arrière; ordre est donné aux mobilisés de la Mayenne d'appuyer les troupes engagées; alors arrive une nouvelle batterie prussienne, c'est la 2e batterie légère, elle prend position auprès de la batterie d'avant-garde; au même moment la quarième batterie s'établissait sur la gauche de la route du côté de Hauteclair, des obus éclatent de toutes parts, le désordre se met dans les rangs des mobilisés et cause la panique : les Prussiens voient l'hésitation et la déroute, ils reprennent l'offensive avec avantage et regagnent leurs positions.

Le corps de francs-tireurs en réserve, furieux de la conduite des mobilisés, accueille les fuyards à coups de fusil.

Les troupes reculaient, des renforts viennent de la place d'Armes, c'étaient encore des mobilisés qui voyaient le feu pour la première fois, un contre-temps fâcheux vint compromettre leur courage : six de nos canons étant venus à manquer de munitions, avaient quitté le champ de bataille, ils furent rencontrés dans les rues de Monsort par ces jeunes troupes; celles-ci crurent à une retraite générale, et aussitôt elles hésitèrent à marcher au combat.

De ce côté notre succès était dès lors compromis et la lutte inégale; deux canons tenaient encore, mais vers quatre heures, l'un d'eux fut démonté par un obus : il fallut tout l'héroïsme des servants pour le sauver.

Sur plusieurs points, la bataille manquait de direction : la bravoure intelligente et individuelle suppléait au commandement.

Les francs-tireurs postés dans la ferme de Hauteclair avaient dès le début du combat, facilité aux nôtres un mouvement sur la gauche de l'ennemi, et nous l'avons vu, cette attaque eût réussi sans l'arrivée de la quatrième batterie lourde prussienne et sans une panique soudaine; depuis, il fallut abandonner la ferme et se retirer dans les bois de Hauteclair sous le feu du canon. Cet avantage des Prussiens ne fut pas connu de quelques francs-tireurs embusqués dans le chemin creux, aux hauts bords plantés, se dirigeant d'Alençon vers Arçonnay, et ces malheureux pris à revers furent décimés par les Allemands invisibles derrière ces bâtiments. Ceux-ci dirigèrent aussitôt la fusillade dans la direction du cimetière de Monsort où s'étaient retranchés de nombreux mobilisés, et sur le bois de Hauteclair rempli de francs-tireurs qui prenaient en flanc les colonnes prussiennes et les inquiétaient d'une manière sérieuse.

Par malheur aucune batterie ne prit position sur ces hauteurs dominantes et boisées; elles eussent divisé et troublé le feu des Prussiens; peut-être les Lipowski craignirent-ils de se voir coupés de leur ligne de retraite par l'ennemi accourant par la route de Fresnay où se trouvaient des bataillons de la 17e division prussienne, ou arrivant sur leurs derrières par les chemins de Bérus ou d'Arçonnay à Hesloup; aussi se bornèrent-ils à diriger, d'après de prudents avis, quelques canons Lipowski sur cette voie, pour protéger cette ligne importante et au moins annoncer l'arrivée de l'ennemi.

Sur la gauche des Français, dans la direction de Saint-Pater, la bataille éprouvait les mêmes péripéties.

Le matin, dès leur arrivée au hameau du Coudray, les Prussiens avaient lancé vers le village de Saint-Gilles le bataillon des fusiliers du 83e : ils voulaient garder leur droite contre toute surprise. Les mobilisés de l'Orne et quatre compagnies de francs-tireurs postés à Saint-Pater et cachés derrière les haies avancent à leur rencontre : un feu de mousqueterie bien nourri contraint l'ennemi à reculer derrière le village ; c'était au même instant que nos troupes obtenaient sur la route du Mans le seul succès de la journée. Pleins d'ardeur, nos mobilisés se préparaient à débusquer les Prussiens de Saint-Gilles : soudain, sur leurs derrières, ils entendent le feu roulant de l'artillerie ; ils s'arrêtent et se replient vers Saint-Pater.

Il était trois heures : de fortes colonnes ennemies débouchaient de ce côté, elles se composaient de la 10e brigade de cavalerie, appuyées du 1er bataillon du 32e et de la batterie à cheval du 11e corps, elles arrivaient par la route d'Ancinnes ; à la même heure apparaissent sur la route de Mamers de nouveaux bataillons du 94e et de l'artillerie sous les ordres du général de Bredow ; ces forces sont accueillies par une vigoureuse fusillade : depuis le matin des troupes françaises venues d'Alençon ou accourues au bruit du canon de la barricade de Neufchâtel, gardaient le bourg : le verger du presbytère, les rues du village, la cour du château, les murs du jardin abritent des francs-tireurs et des mobilisés ; les Prussiens n'osent entrer dans Saint-Pater : ils font halte à cinq cents mètres, dressent leurs batteries dans un champ situé sur leur gauche, près la route de Mamers, et ouvrent à bout portant sur les maisons un feu formidable ; le presbytère est ébranlé par de nombreux obus, l'intérieur est en flammes, et le curé, occupé au dehors aux devoirs de son ministère, rentre à temps pour sauver, au péril de sa vie, quelques débris de son mobilier ; les toits du château s'effondrent, des cheminées s'écroulent, les murs sont traversés par des masses de projectiles. Aussitôt l'ennemi en nombre envahit toutes les rues : les nôtres reculent, s'arrêtent et livrent à chaque carrefour de nouveaux combats. Des mobilisés postés dans la cour du château escaladent les murs du côté de l'église et vont se reformer plus loin ; les Prussiens arrivaient à la grille : ils pénètrent dans la cour, fouillent la tour antique où loge le concierge, et ne rencontrent dans la chambre qu'une jeune mère malade réfugiée derrière ces murs épais, et son nouveau-né, dont le premier baptême fut le baptême du feu. Près de cette tour, trois mobilisés surpris à l'improviste, s'étaient réfugiés derrière quelques bourrées ; les Prussiens les aperçoivent et les fusillent à dix pas environ : l'un d'eux ne reçut par miracle aucune blessure, il fut fait prisonnier.

Plus loin, les mobilisés de l'Orne se concentraient et se mettaient en bataille près de la barrière du chemin de fer; les Allemands, maîtres de Saint-Pater, se précipitent dans une ferme à portée de cette position, et la fusillade recommence : les nôtres avaient le désavantage, ils combattaient à découvert contre un ennemi abrité par des murs et des fossés. A cet instant, sur la route de Mamers, dans la direction du village, s'avancent trois escadrons de cavalerie : le commandant des mobilisés croit voir nos éclaireurs français accourant à son secours après avoir passé la rivière, mais une décharge de mousqueterie lui apprend qu'il doit soutenir une double attaque : c'était une partie de la 12e brigade de cavalerie prussienne venant de Mamers.

Le combat est acharné, les mobilisés font preuve de solidité, ils résistent au nombre et ne se retirent que sur le point d'être tournés sur leur gauche par l'ennemi qui se développait dans la direction de la Sarthe et de la fabrique d'Ozé. Plusieurs mobilisés enflammés par la lutte se défendirent avec vigueur dans la maison du garde-barrière ; là eut lieu un combat terrible, corps à corps, à la baïonnette ; le bruit de la fusillade, le sifflement des balles, les houras des soldats se mêlaient aux cris les plus déchirants ; puis le bruit s'éloigna, et lorsque le garde-barrière Ratier et sa femme sortirent de la cave qui les protégeait contre les obus, ils ne trouvèrent dans leur salle que des cadavres et des mourants, un seul mobilisé sans blessure était resté, il n'avait pas voulu abandonner son camarade expirant : honneur à son dévouement !

L'ennemi gagnait du terrain, les Français le tenaient en respect, embusqués dans un petit chemin creux conduisant de la route à Ozé. Quelques francs-tireurs furent tués en cet endroit. Les Prussiens prononçaient alors leur mouvement tournant vers la fabrique ; une compagnie se dirigeait même vers la Sarthe, lorsque de courageux citoyens et de braves employés du chemin de fer, commandés par M. Sauron, chef de gare d'Alençon, en embuscade près du pont coupé sur la voie ferrée, reçurent les Allemands à coups de fusil, en tuèrent un certain nombre et rendirent les autres moins hardis à s'aventurer sur cette ligne.

Pendant que la cavalerie, les fantassins et les canons forçaient nos troupes à se rapprocher d'Alençon, et à défendre le terrain pied à pied, les obus pleuvaient sur la ville.

Le quartier de Monsort le plus rapproché fut le premier bombardé ; la plupart des habitants bravaient dans les rues les projectiles ; la minorité chercha un refuge dans les caves. Les obus atteignirent bientôt le centre de la cité ; un moment la place d'Armes fut menacée, ordre fut donné de la faire évacuer par les femmes et les enfants : il était environ quatre heures et demie ; toutes les troupes étaient au feu, sauf quelques réserves.

La garde nationale appelée sous les armes gardait les rues de Monsort et arrêtait les fuyards qui se dérobaient au combat.

Ce fut alors que des télégrammes de Chanzy et du Ministre de la guerre confirmèrent et restituèrent les pouvoirs au général de Malherbe (1) ; ces dépêches portaient que le Comité de défense seul devait prendre des mesures contre l'ennemi, et que nul ne devait être privé de sa part d'autorité et de responsabilité ; elles donnaient en outre au Général le commandement des mobilisés.

Il devenait urgent de prendre une sage résolution et d'assurer la retraite des soldats : un Conseil de guerre se réunit et décida que les troupes devaient le soir même évacuer la ville ; en même temps, ordre fut donné aux Lipowski de maintenir l'ennemi jusqu'à la nuit.

Vers cinq heures, le 83e régiment prussien ne trouvant plus de canons sur la route du Mans, s'était avancé sur le hameau de la Détourbe ; le capitaine Duchamp veut prendre l'ennemi en flanc, il entraîne ses hommes vers le cimetière, mais il est tué à la tête de sa compagnie, ses soldats exécutent néanmoins le mouvement et dirigent sur les Allemands une vive fusillade, ceux-ci sont arrêtés ; alors les francs-tireurs et les mobilisés de l'Orne, en réserve près de la barricade, s'élancent à leur rencontre à la baïonnette. Le choc est rude et l'ennemi culbuté est contraint de regagner l'avenue de Hauteclair, après avoir éprouvé quelques pertes.

Ce fut la dernière action de la journée : la vaillance et l'intrépidité des francs-tireurs, des mobilisés de l'Orne et de quelques officiers de la Mayenne avaient trompé les Prussiens sur la force de nos troupes, aussi l'ennemi persuadé qu'il était en présence d'un corps de l'armée de Chanzy, et certain qu'il serait attaqué le lendemain, travailla-t-il toute la nuit à élever une barricade au village du Coudray en vue d'un effort décisif.

(1) Procès-verbaux des séances du Conseil municipal.

L'obscurité mit fin à la lutte : les coups de canon se ralentirent et cessèrent bientôt. Les tirailleurs allemands seuls continuèrent à tirer des coups de fusil une grande partie de la nuit.

Aucune armée française ne vint renforcer nos troupes : livrer combat sous les murs de la ville eût été une faute sans excuse pour un Général. Si même l'ennemi eût connu nos forces et la topographie des environs, il pouvait, par un mouvement facile, au moyen de chemins détournés et non gardés, partant soit de Bérus ou d'Arçonnay, soit de saint-Pater, et se dirigeant par Saint-Germain ou par Courteille, et permettant de dépasser Alençon, apparaître soudain sur la route de Bretagne, envelopper la ville et faire tous nos soldats prisonniers ; l'énergie de la résistance et l'ignorance des positions nous sauvèrent d'un nouveau désastre.

La bataille avait duré de neuf heures du matin à six heures du soir : les nôtres avaient arrêté un corps d'armée important : c'était l'avant-garde du 13e corps sous les ordres du grand-duc de Mecklembourg-Schwerin.

Les Français, dominés par le nombre et par les positions ennemies, avaient eu néanmoins l'avantage de s'abriter la plupart du temps derrière les maisons, les arbres et les plis de terrain : aussi nos pertes ne dépassèrent-elles pas en morts une centaine de soldats, parmi eux se trouvaient Duchamp, capitaine des francs-tireurs, Frébel, lieutenant des mobilisés de l'Orne, et 40 artilleurs ; une centaine de blessés furent recueillis et pansés dans les ambulances de la ville ; parmi ces derniers se faisait remarquer M. Charles D'Avout, engagé volontaire, le digne cousin du glorieux Maréchal qui, après avoir terrassé la Prusse à Iéna, entra le premier à Berlin et reçut le titre de duc d'Auerstædt, village témoin de sa victoire.

Souvent les Allemands combattirent à découvert ou tombèrent dans les embuscades des Français ; de leur aveu leurs pertes dépassèrent de beaucoup les nôtres : le soin et l'empressement qu'ils mettent à enlever leurs soldats frappés dans la lutte ne permettent pas toutefois d'en connaître les chiffres (1).

(1) Le bruit se répandit que les Allemands avaient eu de cinq à huit cents hommes hors de combat. Ce chiffre est exagéré, mais le rapport du grand état-major prussien reconnait que les feux de mousqueterie des Français infligeaient à leurs batteries des pertes assez sensibles.

Du côté de Saint-Pater les troupes s'étaient retirées à la nuit dans l'intérieur de la ville ; cette retraite facilita la vengeance et les représailles des soldats prussiens. Vers neuf heures ceux-ci se répandent vers la route de Mamers, fouillent les maisons, recherchent les traînards, enduisent les portes des maisons de pétrole, incendient plusieurs bâtiments (1) et pillent quelques magasins (2).

Là ne s'arrêtent pas leurs cruautés : ils envahissent les demeures de pauvres ouvriers et contraignent ces derniers, le pistolet sous la gorge, à mettre eux-mêmes le feu à leur mobilier ; ces malheureux habitants, affolés de terreur, sont placés entre l'incendie qui les étouffe à l'intérieur, et les balles qui sillonnent à l'extérieur les routes dans toutes les directions ; c'est en rampant sur le sol qu'ils cherchent leur salut chez des voisins plus heureux.

Soudain le ciel paraît embrasé, la campagne blanche de neige reflète au loin une lumière boréale : c'est un vaste incendie qui jette l'épouvante dans Alençon : il est alimenté par des milliers de bourrées destinées à la briqueterie (3) de la route d'Ancinnes.

C'est à la lueur sinistre de tous ces incendies que s'effectue la retraite de nos troupes sur la place d'Armes ; là tout est sombre : les soldats fatigués, abattus, affamés se massent en silence ; les colonnes se dirigent tristement et lentement sur la route de Bretagne.

Les gardes nationaux déposent leurs armes à la Mairie, ils ont au moins la consolation de les sauver et de ne pas les rendre à l'ennemi.

Le Conseil municipal (4) se déclare en permanence, et chacun attend l'ennemi à son poste.

Alençon tombait comme est tombée la France ; la ville ne se courbait pas, son patriotisme cédait devant la force, écrasé par soixante-quinze canons et trente mille baïonnettes.

(1) Les maisons de MM. Jarry, Planchais, Delrue furent brûlées.

(2) Le café de M. Prudent fut pillé.

(3) 50,000 bourrées furent détruites dans cet établissement, appartenant à MM. Papillon et Fouet.

(4) Procès-verbaux du Conseil municipal.

XV

L'OCCUPATION

Quelle nuit d'insomnie et d'anxiété!..... l'ennemi sera-t-il implacable en sa vengeance?..... voudra-t-il la ruine et le pillage?.....

Le drapeau blanc est hissé sur les clochers des églises et sur l'Hôtel-de-Ville : là ses plis agités par le vent frappent sans cesse les timbres de l'horloge, et des sons plaintifs semblent tomber comme des larmes sur les malheurs de la Patrie.

Le deuil plane sur la cité : la place d'Armes est déserte, les magasins restent fermés ; un dégel subit a transformé en boue épaisse la neige de la veille.

Vers sept heures du matin apparaissent les premiers uhlans ; ils arrivent de Saint-Pater ; leur course est rapide ; ils vont à la Mairie, tournent bride, se rendent à la poste, saisissent les dépêches ; d'autres se précipitent vers la gare, coupent les fils télégraphiques ; quelques-uns se rendent à la Préfecture : l'Hôtel est désert, dès le dimanche soir M. Antonin Dubost s'était retiré avec l'armée.

Bientôt des escadrons ennemis s'élancent dans la direction de Condé, de Damigny et de la forêt d'Ecouves : toutes les routes sont éclairées, toutes les rues sont gardées : quelques mobilisés attardés deviennent prisonniers ; l'un d'eux, près de la halle au blé, sommé par un uhlan de se rendre, est frappé d'une balle dans sa fuite ; il expire sur place : ce fut la première victime de l'occupation.

Déjà des officiers prussiens avaient demandé le Maire à l'Hôtel-de-Ville. Ce Magistrat est interrogé sur la présence des troupes françaises dans la ville ; puis il est informé que le corps d'armée entier du grand-duc de Mecklembourg va prendre possession d'Alençon : M. Lecointre répond à l'ennemi avec le calme, le courage, le dévouement et la fermeté qui l'ont distingué au milieu de nos épreuves.

Alors arrive sur la place d'Armes une avant-garde d'infanterie au casque pointu, elle attend les troupes l'arme au pied, et vers onze heures, l'armée fait son entrée en ville : des escadrons de uhlans défilent les premiers, ils ont un air audacieux et provoquant; ils sont suivis de l'infanterie au casque doré, puis viennent les cuirassiers blancs, les hussards de la mort à l'uniforme sinistre; le bruit augmente, c'est l'âme de la Prusse, c'est l'artillerie, dont chaque pièce est attelée de six chevaux, ce sont les innombrables charriots du train, remplis de munitions et de rapines, ce sont les voitures des ambulances au drapeau blanc et à la croix rouge.

L'ordre le plus parfait règne dans le 13e corps d'armée; les soldats se distinguent par la discipline sévère, la propreté de l'uniforme, l'air de santé. — La cavalerie se range dans la rue de Bretagne, le train et l'infanterie s'arrêtent sur la place d'Armes : les uns chantent des airs nationaux, les autres pénètrent dans les maisons et se font reconforter de cognac, de vin et d'aliments.

Vers midi la musique joue ses airs de triomphe ; les hourrahs des soldats retentissent : cet enthousiasme est provoqué par l'arrivée du général en chef, le grand-duc de Mecklembourg. Il descend près de la place, au café de la Rotonde, étale ses cartes et désigne les quartiers de la ville que doivent occuper les troupes; de là il se dirige, suivi de son état-major, vers l'hôtel de la Préfecture.

Aussitôt de nouveaux régiments débouchent, musique en tête, dans tous les quartiers et dans toutes les rues; ils arrivent les uns par les routes du Mans et d'Ancinnes, les autres par les routes de Mamers et de Fresnay.

Des sous-officiers parcourent les maisons et indiquent à la craie sur les portes le nombre et le rang des soldats qu'elles doivent recevoir. Les habitants sont prévenus qu'ils doivent livrer toutes leurs armes à la mairie : celles qui sont apportées sont brisées et jetées dans la rivière la Briante.

Alençon est au pouvoir de l'ennemi; nous devrions arrêter notre récit à cette phase de nos malheurs; mais comment ne pas rappeler les exactions commises par les soldats prussiens. Les villes les plus soumises ont éprouvé les mêmes déprédations : aussi la protestation du Ministre des affaires étrangères est-elle le document le plus complet sur ces horreurs : nous voulons reproduire ce monument qui frappe d'un stigmate indélébile cette nation systématiquement barbare.

Le 29 novembre, M. de Chaudordy s'exprimait de la manière suivante :

« Nous savons les conséquences de la victoire et les nécessités qu'entraînent d'aussi vastes opérations stratégiques. Nous n'insisterons point sur ces réquisitions démesurées en nature et en argent, non plus que sur cette espèce de marchandage militaire qui consiste à imposer les contribuables au-delà de toutes leurs ressources. Nous laissons à l'Europe de juger à quel point ces excès furent coupables. Mais on ne s'est pas contenté d'écraser ainsi les villes et les villages; on a fait main-basse sur la propriété des citoyens.

« Après avoir vu leur domicile envahi, après avoir subi les plus dures exigences, les familles ont dû livrer leur argenterie et leurs bijoux. Tout ce qui était précieux a été saisi par l'ennemi et entassé dans ses sacs et ses chariots. Des effets d'habillement enlevés dans les maisons ou dérobés chez les marchands, des objets de toute sorte, des pendules, des montres ont été trouvés sur les prisonniers tombés entre nos mains. On s'est fait livrer et l'on a pris au besoin aux particuliers jusqu'à de l'argent. Tel propriétaire, arrêté dans son château, a été condamné à payer une rançon personnelle de 80,000 francs. Tel autre s'est vu dérober les châles, les fourrures, les dentelles, les robes de soie de sa femme. Partout les caves ont été vidées, les vins empaquetés, chargés sur des voitures et emportés. Ailleurs, et pour punir une ville de l'acte d'un citoyen coupable uniquement de s'être levé contre les envahisseurs, des officiers supérieurs ont ordonné le pillage et l'incendie, abusant pour cette exécution sauvage de l'implacable discipline imposée à leurs troupes. Toute maison où un franc-tireur a été abrité ou nourri est incendiée. Voilà pour la propriété.

« La vie humaine n'a pas été respectée davantage. Alors que la Nation entière est appelée aux armes, on a fusillé impitoyablement non-seulement des paysans soulevés contre l'étranger, mais des soldats pourvus de commissions et revêtus d'uniformes légalisés. On a condamné à mort ceux qui tentaient de franchir les lignes prussiennes, même pour leurs affaires personnelles.

« L'intimidation est devenue un moyen de guerre, on a voulu frapper de terreur les populations, et paralyser en elles tout élan patriotique. Et c'est ce calcul qui a conduit les états-majors prussiens à un procédé unique dans l'histoire : le bombardement des villes ouvertes.

« Le fait de lancer sur une ville des projectiles explosibles et incendiaires, n'est considéré comme légitime que dans des circonstances extrêmes et strictement déterminées. Mais, dans ces cas même, il était d'un usage constant d'avertir les habitants ; et jamais l'idée n'était entrée jusqu'à présent dans aucun esprit, que cet épouvantable moyen de guerre pût être employé d'une façon préventive. Incendier des maisons, massacrer de loin les vieillards et les femmes, attaquer pour ainsi dire les défenseurs dans l'existence même de leurs familles, les atteindre dans les sentiments les plus profonds de l'humanité, pour qu'ils viennent ensuite s'abaisser devant le vainqueur et solliciter les humiliations de l'occupation ennemie, c'est un raffinement de violence calculée qui touche à la torture.

« On a été plus loin cependant, et, se prévalant par un sophisme sans nom de ces cruautés même, on s'en est fait une arme. On a osé prétendre que toute ville qui se défend est une place de guerre, et que, puisqu'on la bombarde, on a ensuite le droit de la traiter en forteresse prise d'assaut. On y met le feu après avoir inondé de pétrole les portes et les boiseries des maisons.

« Si on lui épargne le pillage, c'est une faveur qu'elle doit payer en se laissant rançonner à merci, et même lorsqu'une ville ouverte ne se défend pas, on a pratiqué le système du bombardement sans explication préalable et avoué que c'était le moyen de la traiter comme si elle s'était défendue et qu'elle eût été prise d'assaut.

« Il ne restait plus pour compléter ce Code barbare que de rétablir la pratique des otages. La Prusse l'a fait. Elle a appliqué partout un système de responsabilités indirectes qui, parmi tant de faits iniques, restera comme le trait le plus caractérisé de sa conduite à notre égard. Pour garantir la sûreté de ses transports et la tranquillité de ses campements, elle a imaginé de punir toute atteinte portée à ses soldats ou à ses convois par l'emprisonnement, l'exil ou même la mort d'un des notables du pays. L'honorabilité de ces hommes est devenue ainsi un danger pour eux. Ils ont eu à répondre sur leur fortune ou sur leur vie d'actes qu'ils ne pouvaient ni prévenir, ni réprimer, et qui, d'ailleurs, n'étaient que l'exercice légitime du droit de défense. Elle a emmené quarante otages parmi les habitants notables des villes de Dijon, Gray et Vesoul, sous prétexte que nous ne mettions pas en liberté quarante capitaines de navire faits prisonniers selon les lois de la guerre.

« Mais ces mesures, de quelques brutalités qu'elles fussent accompagnées dans l'application, laissaient au moins intacte la dignité de ceux qui avaient à les subir. Il devait être donné à la Prusse de joindre l'outrage à l'oppression. On a exigé de malheureux paysans entraînés par force, retenus sous menace de mort, de travailler à fortifier les ouvrages ennemis et à agir contre les défenseurs de leur propre pays. On a vu des magistrats, dont l'âge aurait inspiré le respect aux cœurs les plus endurcis, exposés sur les machines des chemins de fer à toutes les rigueurs de la mauvaise saison et aux insultes des soldats. Les sanctuaires des églises ont été profanés et matériellement souillés ; les prêtres ont été frappés, les femmes maltraitées, heureuses encore lorsqu'elles n'ont pas eu à subir de plus cruels traitements.

« Il semble qu'à cette limite il ne reste plus, dans ce que l'on appelait jusqu'ici du beau nom de droit des gens, aucun article qui n'ait été violé outrageusement par la Prusse. Les actes ont-ils jamais à ce point démenti les paroles?

« Tels sont les faits La responsabilité en pèse tout entière sur le Gouvernement prussien. Rien ne les a provoqués, et aucun d'eux ne porte la marque de ces violences désordonnées auxquelles cèdent parfois les armées en campagne. Il faut qu'on le sache bien, ils sont le résultat d'un système réfléchi dont les états-majors ont poursuivi l'application avec une rigueur scientifique. Ces arrestations arbitraires ont été décrétées au quartier général, ces cruautés résolues comme un moyen d'intimidation, ces réquisitions étudiées d'avance, ces incendies allumés froidement avec des ingrédients chimiques soigneusement apportés, ces bombardements contre des habitants inoffensifs ordonnés. Tout a donc été voulu et prémédité. C'est le caractère propre aux horreurs qui font de cette guerre la honte de notre siècle.

« La Prusse a non-seulement méconnu les lois les plus sacrées de l'humanité, elle a manqué à ses engagements solennels. Elle s'honorait de mener un peuple en armes à une guerre nationale. Elle prenait le monde civilisé à témoin de son bon droit; elle conduit maintenant à une guerre d'extermination ses troupes transformées en hordes de pillards; elle n'a profité de la civilisation moderne que pour perfectionner l'art de la destruction. »

Tels furent les maux en majeure partie éprouvés par le département d l'Orne.

Les nombreuses voitures remplies de Juifs, compagnons et receleurs de l'armée allemande, furent le premier et scandaleux avertissement des rapines, suivi bientôt d'une exécution déplorable.

Les rues d'Alençon étaient inondées de soldats; la campagne regorgeait de troupes; Saint-Pater fut occupé par des escadrons de cavalerie : aussi, pailles, avoines, orges, foins, tout fut enlevé et pillé; les habitants sont même forcés d'abandonner leurs lits à cette soldatesque brutale; Arçonnay eut le même sort : il fut contraint de verser trois mille francs au commandant prussien; à Damigny, le Maire, M. Caplat, sauva par son énergie la commune de ces impositions vexatoires.

A tant de souffrances, aucun remède; il fallait dévorer l'affront en silence : la résistance eût amené le bombardement et la ruine; les canons ennemis braqués sur la ville, des hauteurs de Hesloup, de Saint-Pater et de la route du Mans étaient une menace incessante contre toute tentative de révolte.

Aussi à l'arrogance, Alençon opposa-t-il le calme froid, la fermeté digne et l'énergie imposante : le Maire et le Conseil municipal furent toujours sur la brèche; sans cesse ils combattirent les prétentions exorbitantes du vainqueur, et dans ces moments douloureux, ils soutinrent le courage des habitants et furent la sauvegarde publique.

Bientôt les réquisitions furent notifiées au Conseil municipal : vingt-quatre heures, tel était le délai fatal fixé pour leur acquittement; cette demande avait pour sanction le pillage; comment se procurer dans un temps aussi limité :

60,000 livres de pain.
120,000 livres de farine.
300 bœufs.
20,000 livres de porc salé.
12,000 litres de cognac.
20,000 livres de haricots.
10,000 livres de riz.
10,000 livres de café brûlé.

600,000 cigares.
12,000 livres de tabac.
6,000 livres de sel.
600,000 litres d'avoine.
30,000 livres de foin.
50,000 livres de paille.

Ces réquisitions concernaient l'armée ennemie. De son côté le Grand-Duc exigeait sous peine de 50,000 fr. d'indemnité :

2 veaux (tués).
12 dindons.
12 oies grasses.
20 poules.
100 boîtes de sardines.
100 terrines de foies gras.
100 saucissons (1).

La situation était grave; les prétentions paraissaient d'une exécution impossible; les intendants affichaient une exigence menaçante; la discussion avec ces officiers arrogants devenait inutile et pénible. Le Conseil municipal décida qu'il s'adresserait au Grand-Duc lui-même. M. Lion, professeur d'allemand au lycée, fut l'interprète infatigable entre les Autorités.

Frédéric-François, Grand-Duc de Mecklembourg-Schwerin, est de taille moyenne, il est blond et paraît jeune encore; c'est avec courtoisie qu'il reçoit le Maire et deux Conseillers municipaux (2); il rassure ces délégués de la ville contre les menaces du pillage, et les engage à faire leurs efforts pour remettre à ses officiers les fournitures réclamées (3).

Ces démarches hardies ne calmèrent pas les exigences de l'ennemi : à peine de retour à l'Hôtel-de-Ville, le Maire fut averti par un ordre émané de l'état-major qu'Alençon devait payer, dans les vingt-quatre heures, une indemnité de trois cent mille francs, en représailles de la résistance opposée à l'entrée de l'armée prussienne.

Nouvelle protestation du Conseil municipal, nouvelle menace d'exécution militaire et d'arrestation de douze notables : le Maire, quoique menacé dans sa personne, invita avec fermeté le Conseil

(1) Le montant des réquisitions a été évalué à 285,000 fr.

(2) MM. Hommey et Sanson.

(3) Procès-verbaux des séances du Conseil municipal.

à ne pas se préoccuper de sa situation particulière, mais à continuer de ne s'inspirer que des intérêts de la cité.

Il fallait sauver la ville de l'émotion qui la dominait : un emprunt à 6 % fut bientôt couvert; puis des Commissaires sont chargés de l'achat des réquisitions; dès lors vêtements, chevaux, moutons, bestiaux, café et mille autres objets sont livrés aux Allemands, dont les demandes augmentent à mesure des livraisons. — Toutefois les cigares, le tabac, les pois furent refusés à cause de leur rareté dans la ville. — Les Prussiens se chargèrent de rechercher ces objets dans les magasins qu'ils dévalisèrent sous ce prétexte.

L'autorité allemande ordonne ensuite à la Municipalité de remplir les coupures des routes, sous peine d'une amende de 500 francs par coupure.

Le régime de la force et de la terreur vient frapper de crainte la population.

Il fut interdit aux habitants de sortir de la ville; après neuf heures du soir, nul ne pouvait quitter son domicile, et plus d'un habitant, obligé dans la nuit de parcourir les rues, entendit des balles ennemies siffler à ses oreilles.

La vie était suspendue, les horloges elles-mêmes avaient cessé de marquer les heures. Le jour, la tristesse régnait en tous lieux, les magasins restaient fermés; le soir les rues étaient désertes; de fortes patrouilles en troublaient seules le silence et la monotonie.

Sur les murs se trouvaient affichées les lois martiales de la Prusse, ainsi conçues :

PROCLAMATION

Nous, Général Gouverneur à Reims,

D'après les ordres de Sa Majesté le Roi de Prusse, Commandant en chef des armées allemandes, avons arrêté et arrêtons les dispositions suivantes, que nous portons à la connaissance du public :

1° La juridiction militaire est établie par la présente. Elle sera appliquée, dans l'étendue du territoire français occupé par les troupes allemandes, à toute action tendant à compromettre la sécurité de nos troupes, à leur causer des dommages ou à prêter assistance à l'ennemi.

La juridiction militaire sera réputée en vigueur et proclamée pour toute l'étendue d'un arrondissement, aussitôt que cette publication sera affichée dans une des localités qui en font partie;

2° Toutes les personnes qui ne font pas partie de l'armée française et n'établiront pas leur qualité de soldat par des signes extérieurs, et qui :

a. Serviront l'ennemi en qualité d'espions,

b. Egareront les troupes allemandes quand elles seront chargées de leur servir de guides,

c. Tueront, blesseront ou pilleront des personnes appartenant aux troupes allemandes ou faisant partie de leur suite,

d. Détruiront des ponts ou des canaux, endommageront les lignes télégraphiques ou les chemins de fer, rendront les routes impraticables, incendieront des munitions, des provisions de guerre ou les quartiers des troupes,

e. Prendront les armes contre les troupes allemandes,

Seront punies de la peine de mort.

Dans chaque cas, l'officier ordonnant la procédure, instituera un conseil de guerre chargé d'instruire l'affaire et de prononcer le jugement. Les conseils de guerre ne pourront condamner à une autre peine qu'à la peine de mort; leurs jugements seront exécutés immédiatement.

Le Gouverneur général,

Signé : FRÉDÉRIC-FRANÇOIS,

Grand-Duc de Mecklembourg-Schwerin, commandant le 13e corps d'armée.

La France allait-elle subir les destinées de la Pologne?...

Le 20 janvier se répand le bruit du départ de l'armée ennemie et, en effet, pendant plus de douze heures, des centaines de charriots chargés de rapines et de réquisitions traversèrent toutes les rues; puis le 13e corps d'armée composé de 30,000 soldats et de 75 canons quitta la ville et se dirigea vers les départements de l'Eure et de la Seine-Inférieure.

Avant de partir, les Allemands engagèrent les habitants à respecter leurs patrouilles, promettant dans ce cas de ne plus venir occuper la ville. Quelques jours après cet avertissement, ils furent attirés par le retour offensif du Préfet (1); une troisième fois

(1) Cette deuxième invasion eut lieu le 26 janvier, elle ne dura qu'un jour.

encore leurs bataillons reparurent dans la cité (1); celle-ci envahie, malgré un armistice antérieur à cette dernière occupation, eut à supporter de nouvelles charges, à nourrir de nouvelles troupes, à payer de nouvelles indemnités (2), à subir même un simulacre de pillage; la résistance des Autorités entraîna l'emprisonnement de la plupart des Membres du Conseil municipal, de quelques notables, le Maire et cinq Conseillers furent emmenés à Chartres comme otages (3).

Ces mesures arbitraires vinrent frapper la plupart des communes du département de l'Orne. Elles ne réussirent qu'à démontrer l'énergie et le dévouement des Administrations municipales. Le patriotisme et la résistance des populations ne firent que s'exalter en présence des exactions d'un ennemi sans pitié qui faisait revivre cette devise des temps les plus barbares : « Malheur aux vaincus! »

Væ victis.

XVI

ÉPISODES

Au milieu de l'action rapide, étendue et incessante d'une bataille et d'une occupation, de nombreux épisodes restent souvent dans l'ombre et dans l'oubli : malgré leur importance très-secondaire, ils appartiennent néanmoins à l'histoire :

Le soir un général et son état-major s'installent au château de Saint-Pater; les portes sont brisées, les appartements forcés, fouillés en tous sens : honneur au caveau! à lui la première visite; bouteilles nombreuses, mais vin ordinaire et pas de champagne; certes il y a fraude : le Prussien a l'habitude et la science des découvertes; aussi quelques instants lui suffisent-ils pour trouver et défoncer un second caveau muré; là sont cachés les

(1) La troisième invasion commença le 29 janvier, elle se prolongea jusqu'au 7 mars.

(2) Les trois invasions ont coûté en indemnités de guerre, à la ville d'Alençon, 365,000 fr.

(3) Ces Conseillers emprisonnés sont MM. Lecointre, maire; Tixier, notaire; Romet, Sauson, négociants; le docteur Prevost; Geslin, négociant; Baudry, Poupet, Lherminier, avocats; Hommey, notaire; Saillant, négociant. Le Maire et les cinq derniers furent emmenés comme otages.

meilleurs crûs de Champagne et les vins les plus savoureux célébrés par Brillat-Savarin. Aussi l'orgie fut-elle complète : l'Allemagne ne tarda pas à prouver qu'elle savait s'enivrer autrement que de ses triomphes.

M. de Saint-Pater devait trouver sa vengeance.

Ses chevaux sont amenés dans le parc : l'un d'eux, poney fier et vigoureux fait l'admiration des Allemands : un uhlan s'élance sur son dos, l'animal semble comprendre qu'il porte l'ennemi de son maître, et d'un bond rapide il lance au loin le cavalier honteux, ensuite il se retourne et paraît défier l'escadron tout entier ; un second uhlan subit le même sort, puis un troisième, les plus habiles sont démontés ; le poney obtint la récompense de son patriotisme, il fut laissé aux écuries du château.

Par malheur beaucoup d'autres animaux n'eurent pas le même avantage : nombre de chevaux furent enlevés sans utilité, abandonnés sur la voie publique ou laissés à des pauvres, qui même refusaient ce présent onéreux. Partout les bestiaux jonchaient les routes, quelques-uns furent dépecés et distribués aux habitants malheureux.

Le soir du combat, les Prussiens firent de grands feux dans le voisinage de la commune d'Arçonnay. Le bruit se répandit qu'ils brûlaient leurs morts : des lambeaux de vêtements trouvés près des foyers accréditèrent ces rumeurs : peut-être les soldats avaient-ils livrés aux flammes les uniformes arrachés aux cadavres des Français dépouillés sur le champ de bataille. Quoi qu'il en soit, il ne s'est trouvé aucun témoin de cette crémation.

Pendant que des soldats allemands se chauffaient dans la campagne, d'autres cherchaient un abri dans les maisons du bourg : un incendie, résultant de leur imprudence, ne tarda pas à éclater dans une habitation (1).

La terreur et la dévastation sont les fidèles alliés des Prussiens : la fabrique importante de toiles d'Ozé faillit devenir la proie des flammes ; l'ennemi l'épargna seulement parce qu'elle contenait quatre cents ouvriers : ceux-ci, le lendemain, sans travail et sans pain, auraient pu, dans leur désespoir, inquiéter le vainqueur.

Sans canon, la Prusse n'a plus de prestige ; aussi toujours ac-

(1) Chez un nommé Pilon.

compagné de sa formidable artillerie, l'ennemi sème-t-il ses obus en tous lieux : le 15 janvier, de nombreux projectiles atteignirent, dans Alençon, la maison de M. Lambert, rue du Pont-Neuf; la demeure de M. Clairefontaine, rue du Bercail; d'autres tombèrent à la Porte-de-Sées, chez M. Gousset; chez M. Leclair, rue de Sarthe; dans les bureaux de la Préfecture, rue Saint-Blaise; un balcon fut brisé à l'entrée de Montsort, près de la barricade; dans les chantiers de M. Drans, sur la route du Mans, un hangar fut complètement détruit par un incendie (1).

Le lendemain, trois enfants trouvèrent un obus, route de Mamers : l'un d'eux, âgé de quinze ans, cherche à briser à coup de pierre ce projectile, celui-ci par malheur éclate, enlève la main, brise la jambe, ouvre les entrailles de l'infortuné qui meurt au milieu de souffrances atroces. Les deux autres enfants reçurent de graves blessures.

Dans cette guerre funeste nous fûmes parfois victimes de nos compatriotes : ainsi, au moment du pillage de la gare du chemin de fer par les Prussiens, une populace sans cœur et sans honte vint en aide à nos ennemis : des glaces furent brisées, toutes les vitres volèrent en éclats, du charbon fut enlevé; il en fut de même de la caserne de la remonte qui fut dévastée; l'hôtel et les bureaux de la Préfecture furent même un moment menacés : les pillards oublient trop souvent que la ruine du pays, c'est la misère des pauvres. L'exemple du reste est contagieux, et la morale de ces peuples ravageurs qui volent pour leurs femmes et leurs enfants, entraîne vite à les imiter les classes sans scrupules et sans éducation.

Plus d'un trésor fut confié à la terre : ce moyen sauva l'argent et les bijoux des recherches minutieuses des soldats : en effet ces derniers profitaient de l'embarras que leur grand nombre produisait dans chaque habitation pour fouiller les placards et forcer les serrures avec une habileté qui restera proverbiale.

Les procédés violents qui suivirent l'invasion augmentèrent, parmi les malades, les nombreuses victimes de l'épidémie variolique qui infectait la ville.

(1) Les incendies et le pillage ont été évalués à la somme de. .	350,000 fr.
Les réquisitions à	285,000
L'argent donné à	365,000
Total.	1,000,000 fr.

que l'invasion a coûté à la ville d'Alençon.

Les officiers cherchaient à s'excuser de toutes ces vexations, ils affectaient une éducation distinguée, recherchaient la société de leurs hôtes, mais souvent en vain, et priaient même la maîtresse du logis de leur faire l'honneur d'une toilette nouvelle pour le moment du repas, selon l'usage allemand ; mais ces faux gentlemen ne soupçonnant pas les délicatesses du sentiment des convenances, trouvaient naturel tantôt d'insulter leur hôtesse en touchant sur son piano des airs de triomphe, tantôt de convier à son insu des amis à sa table, tantôt de donner à ses frais une soirée bruyante.

Il est vrai que ces burgraves avaient parfois des largesses pour les domestiques, mais leurs déprédations facilitaient leurs générosités.

Il y eut cependant des exceptions nombreuses à cette manière d'agir : certains officiers et des compagnies entières de soldats furent d'une grande convenance : ils paraissaient déplorer la conduite de leurs armées, et faisaient leurs efforts pour se faire pardonner leur présence.

Le courage et le patriotisme de tous les citoyens furent pour la France une consolation au milieu de nos infortunes : nul n'abandonna son poste sans ordre supérieur ; les tribunaux continuèrent à rendre la justice, et l'Administration municipale sût concilier avec les rudes exigences qui pesaient sur elle, ce qu'elle devait à la dignité de ses fonctions et à son honneur d'Administration française (1).

La compagnie des sapeurs-pompiers (2) dut à son excellente discipline l'honneur de conserver ses armes et de continuer son service dans la ville pendant l'occupation.

Le drapeau français ne cessa pas de flotter sur l'Hôtel-de-Ville.

Le 20 janvier, le troisième corps d'armée évacua la ville d'Alençon : l'ennemi avait enfermé dans la prison de nombreux prisonniers français : dans la précipitation du départ, ces derniers sont oubliés : aussitôt M. Mortier, commissaire de police, court prévenir M. Harger, directeur de la prison, et tous deux, inspirés par leur patriotisme, se dévouent à l'évasion de leurs compatriotes.

A peine le dernier Français était-il à l'abri, que des uhlans

(1) Procès-verbaux du Conseil municipal.

(2) Capitaine Martel, ingénieur civil.

reviennent et réclament leurs prisonniers. Il leur fut répondu que depuis longtemps les Prussiens les avaient emmenés. Cependant les soldats allemands peu crédules visitent, mais en vain, les cellules et les dortoirs : l'armée s'éloignait, il fallut abandonner cette proie.

Pendant ce temps les fugitifs trouvèrent leur salut dans l'enceinte du tribunal civil.

En ce jour, le Palais de Justice, respecté par l'invasion, recouvra les privilèges des anciens temples et des asiles inviolables du moyen âge.

XVII

L'ORNE

Les annales des combats d'Alençon révèlent les qualités guerrières de la population de cette région de la France; durant neuf siècles le caractère des Alençonnais s'est affirmé par sa modération et son indépendance : le dévouement à la patrie les associe à la royauté contre la féodalité, à l'armée nationale contre l'étranger. Dès l'origine, les habitants chassent le cruel Guillaume Talvas II, le meurtrier de Cudéfort, et se montrent les vengeurs du crime; bientôt ils se liguent contre Etienne, le despote, neveu de Henri Ier d'Angleterre et préparent la victoire d'Alençon à Foulques II comte d'Anjou; leur alliance avec Philippe-Auguste le vainqueur de Bouvines est habile et patriotique; vers la fin de la longue et désastreuse guerre de cent ans contre les Anglais les Sieurs de la ville soulèvent la population, repoussent l'étranger, montrent un héroïque courage et un immortel patriotisme; Louis XI, profond réformateur, voit sa bonne ville lui ouvrir ses portes; sous la Ligue, Alençon repousse tous les excès, prend le parti des modérés, se rallie à Henri IV, le roi populaire. Calme, sang-froid, équité, modération, courage, patriotisme, telles sont les vertus normandes; les temps modernes et les revers de la France ont de nouveau fait éclater ces qualités séculaires.

Quelle était la situation de la patrie au lendemain de nos récents désastres!

(1) La domination et la prospérité de la France avaient pu sou-

(1) Ces pages ont été écrites en août 1871.

lever les colères et les convoitises des empires; ses malheurs, de nos jours, lui ont acquis l'amitié et le dévouement des peuples. Ses défaites, résultat de gigantesques batailles, ont inspiré le respect du vainqueur lui-même; la Patrie toujours fière, toujours frémissante n'a-t-elle pas combattu de longs mois sans armées, sans généraux et presque sans espérance; la valeur et l'abnégation énervées par l'indécision des chefs, l'indiscipline des soldats, le relâchement des mœurs, la négligence de l'Etat, ont cédé, brisées par les masses, les canons et la famine. Dans toutes les provinces néanmoins, l'invasion a régénéré les courages; la résistance s'est montrée acharnée, les villes comme les places fortes, Châteaudun comme Paris, ont retardé la marche des armées allemandes.

Quelle fut la part et le rôle du département de l'Orne dans ce drame immense et sanglant?

Les populations ont montré du courage sans emportement et de la raison sans défaillance. Les légions de l'Orne mal équipées, mal chaussées, mal nourries ont toujours combattu avec solidité. et leurs chefs, le colonel des Moutis (1) le premier, ont fait preuve de valeur et d'habileté. Longtemps leur énergie a maintenu le flot menaçant des ennemis (2).

Les habitants des villes disposés à lutter et à repousser les Prussiens, ont réclamé la résistance à outrance, mais loin des cités ouvertes : leur raison leur défendait des sacrifices sans utilité et sans compensation; Alençon, prêt à s'immoler pour le salut de l'armée de Chanzy, a protesté seulement contre des résolutions inutiles et ruineuses.

Pendant toute la guerre, les Dames ont montré les trésors d'un dévouement inépuisable envers les blessés de l'armée : réunies sous le nom de *Dames des Ambulances de la Gare*, leur charité chaque jour a soulagé les nombreuses victimes des combats, épuisées par les souffrances de leurs plaies et les fatigues de longs voyages.

(1) Le colonel des Moutis fut nommé sur le champ de bataille officier de la Légion d'honneur et reçut en outre le commandement d'une brigade à l'armée de Chanzy.

(2) Cette opinion sur les mobiles de l'Orne est confirmée par la déposition du général Fiérek devant la commission parlementaire chargée de l'enquête sur les faits de guerre contre la Prusse.

Le courage civique et le sang-froid chez les Magistrats et les Conseillers municipaux ont grandi avec les menaces, les persécutions, l'exportation et la captivité.

Partout, dans l'Orne, les citoyens se sont inspirés de l'énergie de la défense : vaincus, l'ennemi les a trouvés dignes et calmes. Leur patriotisme, insulté par la présence de l'étranger, a fortifié sa haine profonde par sa confiance en l'avenir; en effet, en ce jour, surprise et abattue par la force, la France se relèvera par l'ordre, l'union et l'énergie de ses réformes : son héroïsme dans l'adversité lui assure dans le monde son prestige séculaire et le triomphe de ses aspirations.

ERRATUM. — Page 31, première strophe, troisième vers, lire :

Grand Dieu rend nos armes prospères!

Au lieu de :

Quand Dieu, etc.

TABLE

—

Chapitres. Pages.

www.ingramcontent.com/pod-product-compliance
Ingram Content Group UK Ltd.
Pitfield, Milton Keynes, MK11 3LW, UK
UKHW020344250726
13967UKWH00005B/2113

9 782013 03875